MENTES MILIONÁRIAS

O SEGREDO DOS **EMPREENDEDORES** DE SUCESSO

Sophia Martins

Presidente do conselho:
Maurício Sita

Presidente:
Alessandra Ksenhuck

Vice-presidentes:
Cláudia Pires e Julyana Rosa

Diretora de projetos:
Gleide Santos

Consultora de projetos:
Daiane Almeida

Coordenação editorial:
Mellissa Tagliaferri

Foto da capa:
Rodrigo Bacelar

Beauty:
@_hayasalehmakeup

Capa, projeto gráfico e diagramação:
Gabriel Uchima

Revisão:
Mellissa Tagliaferri, Ivani Rezende e Josué Dantas

Impressão:
Gráfica Paym

Dados Internacionais de Catalogação na Publicação (CIP)
(eDOC BRASIL, Belo Horizonte/MG)

M386m

Martins, Sophia.
Mentes milionárias: o segredo dos empreendedores de sucesso / Sophia Martins. – São Paulo, SP: Literare Books International, 2024.
264 p. : 16 x 23 cm

Inclui bibliografia
ISBN 978-65-5922-866-9

1. Empreendedorismo. 2. Mentalidade resiliente. 3. Sucesso nos negócios. I. Título.

CDD 658.4

Elaborado por Maurício Amormino Júnior – CRB6/2422

Literare Books International.
Alameda dos Guatás, 102 – Saúde– São Paulo, SP.
CEP 04053-040
Fone: +55 (0**11) 2659-0968
site: www.literarebooks.com.br
e-mail: literare@literarebooks.com.br

FSC
www.fsc.org
MISTO
Papel produzido a partir de fontes responsáveis
FSC® C133282

MENTES MILIONÁRIAS

Sophia Martins

Dedicatória

Sophia Martins

Dedico este livro a você, caro leitor. Espero que aqui encontre as respostas que tanto procura. Pela minha dedicação e paixão pelo empreendedorismo, encontrei uma oportunidade de contribuir para seu crescimento.

Meu profundo envolvimento com o mundo dos negócios e meu amor pela escrita se unem de maneira única nesse momento. Minha paixão pelo empreendedorismo nasceu da minha jornada pessoal como empreendedora.

Mesmo tendo enfrentado inúmeras adversidades e desafios, nunca desisti. Por esse motivo, colhi os frutos da determinação e da perseverança. Essa experiência moldou minha compreensão das complexidades envolvidas no mundo dos negócios e a importância de se ter um guia inspirador.

No processo de criar esta dedicatória, compreendi a importância de me conectar com você, leitor, e transmitir não apenas informações, mas também a essência do empreendedorismo.

Espero que cada palavra não só faça sentido para você, mas o conecte com esse mundo empresarial e faça-o crescer cada vez mais.

Com carinho,

Sophia Martins

Agradecimentos

Sophia Martins

A cada palavra escrita, um pensamento surgia em minha mente sobre aqueles que deram sentido a esta jornada.

Aos meus pais Nicolau e Helena, que me apresentaram ao mágico mundo da vida e me ensinaram a importância da perseverança e da dedicação.

Ao meu esposo Fábio Augusto, pelo apoio mútuo, não somente pela concretização de mais um sonho literário, mas por toda a força e confiança investidas em mim.

Aos meus mentores que, ao longo dos anos, moldaram meu olhar crítico e aprofundaram minha paixão por ajudar e orientar pessoas.

Agradeço também aos meus amigos e parceiros que, por meio de conversas sobre ideias e debates fervorosos, alimentaram minha inspiração e me deram apoio para estar sempre à frente dos negócios.

Aos meus leitores que, a cada página virada, a cada crítica ou elogio, tornaram-se parte integrante desta obra. Obrigada por embarcarem comigo em mais um sonho realizado. Esta jornada foi feita, acima de tudo, de amor e muita dedicação.

Dedico este livro a todos vocês que, de forma direta ou indireta, contribuíram para que ele se tornasse realidade. Que estas ideias possam inspirar, confortar, desafiar, entreter; e que seus projetos possam alavancar ainda mais suas carreiras e negócios, assim como tem acontecido comigo.

Com gratidão e carinho, ofereço este pedaço da minha construção de vida.

Sophia Martins

Prefácio

Sophia Martins

Empreender é mais do que iniciar negócios; é um ato de coragem, criatividade e transformação. Este livro, escrito por uma mulher visionária, é um testemunho da força e da determinação feminina no universo do empreendedorismo. Uma jornada que começa com o sonho de criar algo e percorre caminhos de desafios, aprendizados e sucessos.

Tive o privilégio de conhecer Sophia Martins há aproximadamente dois anos, quando começamos a explorar um projeto conjunto que está programado para iniciar no segundo semestre de 2024. Devo admitir que raramente encontrei alguém tão dedicada ao empreendedorismo quanto ela. Enquanto um dia comum tem 24 horas, o dia dela parece ter o dobro, talvez até mais.

Sua capacidade de organização é verdadeiramente impressionante. Cada minuto de seu dia é meticulosamente planejado, com reuniões e compromissos cronometrados de forma precisa. Sophia demonstra um comprometimento contínuo com seu desenvolvimento pessoal e profissional, buscando constantemente aprimoramento e conhecimento em sua área de atuação. Sua dedicação incansável resulta em ampla gama de oportunidades de negócios, fazendo dela uma força inigualável e imparável.

Quando recebi a proposta para prefaciar seu livro, fiquei muito entusiasmado em falar sobre a Sophia e seu empreendedorismo. O Brasil é um país vasto, repleto de oportunidades para empreendedores, mas não qualquer empreendedor. No caso de Sophia, voltada para o mercado imobiliário, é essencial acompanhar as demandas do mercado contemporâneo. Atualmente, os clientes buscam cada vez mais soluções sustentáveis e tecnologicamente avançadas. Não basta vender da mesma forma de antes, é necessário oferecer imóveis equipados com recursos como placas solares, sistemas de inteligência artificial e materiais sustentáveis.

A chave do sucesso está em permanecer constantemente atualizado e oferecer o que há de mais inovador no mercado. É aqui que reside minha admiração por Sophia: sua dedicação em se manter informada sobre as últimas tendências e tecnologias. Ela estuda e pesquisa antes de agir, sempre se mantendo à frente da concorrência. Esse é o verdadeiro espírito empreendedor: estar alguns passos à frente. E isso ela possui em abundância.

O empreendedorismo é uma força motriz que impulsiona o mundo dos negócios e desempenha papel vital na economia global. É um conceito que transcende fronteiras e culturas, unindo pessoas de diferentes origens, com uma visão comum: criar algo inovador e valioso. Neste prefácio, embarcaremos em uma jornada fascinante pelo mundo do empreendedorismo, explorando raízes, desafios e oportunidades que ele oferece.

O empreendedorismo não é um fenômeno recente, mas sim uma força que moldou a história humana ao longo dos séculos. Desde os mercadores da Idade Média até os pioneiros da Revolução Industrial, empreendedores sempre desempenharam papel fundamental na evolução da sociedade. Eles são movidos pela vontade de criar, inovar e resolver problemas.

Hoje continua a ser uma força transformadora. É uma resposta à constante mudança e evolução dos mercados globais, impulsionada pela tecnologia e pela demanda por soluções inovadoras. Empreendedores são aqueles que veem oportunidades onde outros enxergam obstáculos, que buscam desafios e abraçam a incerteza com determinação.

Eu percebo, e também leio muito, que o mundo do empreendedorismo é um ecossistema vibrante, composto por uma miríade de atores e elementos que se interligam para criar um ambiente propício ao crescimento e à inovação. Nele, encontramos *startups* inovadoras, investidores visionários, mentores experientes e instituições de apoio. Esse ecossistema fomenta a colaboração e a troca de ideias, criando um terreno fértil para o surgimento de novos negócios.

Embora o empreendedorismo seja uma jornada empolgante, não está isento de desafios. Empreendedores enfrentam obstáculos como falta de recursos financeiros, concorrência acirrada e pressão para inovar constantemente. No entanto, é essa mesma adversidade que muitas vezes impulsiona-os a encontrar soluções criativas e a se destacar.

A inovação é a essência do empreendedorismo; é a capacidade de pensar de forma diferente, de encontrar soluções únicas e de criar valor que define os empreendedores. A tecnologia é fundamental nesse processo, permitindo que ideias se transformem em realidade de maneira mais rápida e eficiente do que nunca.

O impacto do empreendedorismo vai muito além dos resultados financeiros. Empreendedores muitas vezes são impulsionados por uma paixão por causar mudanças positivas em suas comunidades e no mundo. Eles criam empregos, estimulam a inovação, promovem a diversidade e inspiram outros a seguirem os próprios sonhos.

À medida que navegamos pelo vasto oceano do empreendedorismo, é importante lembrar que essa jornada é única para cada indivíduo. Cada empreendedor traz consigo uma história pessoal, motivações exclusivas e uma visão singular do futuro. O empreendedorismo é uma busca constante por novos horizontes, uma jornada repleta de desafios e recompensas.

Este prefácio é apenas o começo de nossa exploração do mundo do empreendedorismo. Ao longo deste livro, será aprofundado ainda mais em conceitos, histórias inspiradoras e estratégias que podem ajudar a moldar a própria jornada empreendedora. Este é um convite que a Sophia faz para você se juntar a nós nesta viagem emocionante, na qual a inovação, a determinação e a paixão se encontram para criar um futuro cheio de possibilidades.

Que as palavras aqui presentes sirvam como um farol, iluminando o caminho para futuros empreendedores e reforçando a crença de que é possível, sim, construir um legado significativo. Que este livro seja um marco, não apenas no mundo dos negócios, mas na história de cada um que ousa sonhar e realizar.

Sejam bem-vindos a uma jornada de descobertas, desafios e triunfos: à jornada do empreendedorismo.

Luciano Szafir
Ator, apresentador e empresário.

Sumário

Sophia Martins

CAPÍTULO 01

Sophia Martins

Empreendedorismo na íntegra

Sophia Martins

Muito se fala em empreendedorismo, mas será mesmo que todos possuem a definição correta? Quantas vezes você já se questionou para identificar sua 'veia empreendedora'?

Se adquiriu este livro, provavelmente está buscando entender melhor o que é esse conceito e como essa palavra se aplica na prática. É comum que muitas pessoas tenham dúvida sobre esse termo, afinal pode ser interpretado de diversas maneiras. Em uma roda de conversas, por exemplo, os termos "empreendedor" e "empreendedorismo" são colocados de maneiras aleatórias, e muitas vezes sem o verdadeiro sentido. E por este e outros motivos que decidi investir meu tempo trazendo informações relevantes sobre a experiência que tenho neste mundo altamente empreendedor.

Nas muitas pesquisas que realizei ao longo de meus estudos, o tema do empreendedorismo é uma questão que tem ganhado destaque nos últimos anos. Por isso, pergunto: O que realmente significa ser um empreendedor? O que vem à mente quando precisa dessa resposta?

Ser um empreendedor vai muito além de ter uma ideia inovadora e colocá-la em prática. É um estilo de vida que envolve persistência, resiliência e muita coragem. É a capacidade de conseguirmos identificar grandes oportunidades e transformá-las em negócios rentáveis e sustentáveis, mesmo que estejamos diante de alguns desafios, e o mercado nos traga incertezas.

É a habilidade que alguém tem de identificar uma oportunidade de negócio, pegar uma grande ideia e transformá-la em um empreendimento bem-sucedido. Profissionais desse tipo têm visão clara, não desistem, gostam de arriscar e têm o coração cheio de coragem e determinação para criar algo e enfrentar os desafios do mundo dos negócios.

Esse conceito de empreendedorismo é verdadeiramente amplo, dinâmico, com inúmeras oportunidades e envolve a criação e o desenvolvimento de novos negócios, ideias e projetos. Pode-se observar que está presente em diversas áreas da sociedade, desde pequenas *startups* até grandes empresas consolidadas, podendo ser praticado em diversos setores, incluindo tecnologia, varejo, serviços, vendas de diversos produtos, indústria, entre outros.

Este livro destaca que o empreendedorismo não se limita apenas a iniciar um novo negócio; também pode ser aplicado em empresas já estabelecidas no mercado, o que ocorre quando os empreendedores buscam novas oportunidades de negócio e inovação. Empresas que necessitam de novas oportunidades são um campo fértil para grandes empreendedores. Além disso, pode ser visto como uma forma diferente de pensar e agir com criatividade, inovação e proatividade diante dos desafios do mercado.

Eu quero mostrar a você a diversidade de diferentes tipos de negócios, como o empreendedorismo de oportunidade, que ocorre quando o empreendedor identifica uma necessidade de mercado e cria um produto ou serviço para atendê-la, e o empreendedorismo por necessidade, que ocorre quando o empreendedor inicia um negócio por falta de outras opções de emprego.

Nesse mundo caótico, com mudanças repentinas e inovações que assustam, é necessário que você entenda esse conceito para seu crescimento, tanto econômico quanto pessoal, pois cria oportunidades e estimula a inovação. Um empreendedor é um grande agente de mudança social, pois contribui para o desenvolvimento de comunidades e regiões inteiras. Ele traça a própria trajetória em torno do mundo ao seu redor, fazendo a diferença nas empresas e na vida das pessoas. De acordo com Joseph Schumpeter, um dos principais teóricos do empreendedorismo, "o empreendedor é aquele que realiza inovações, introduz novos produtos, métodos de produção, abre mercados e cria novas formas de organização empresarial".

Se você se vê como alguém que busca oportunidades e transforma ideias em ações, assumindo riscos e responsabilidades pelo sucesso ou fracasso do seu negócio, com certeza se encaixa nesse meio como empreendedor. Talvez ainda não saiba como organizar tudo isso em seus negócios, e é aqui que quero ajudá-lo.

Então, comece as anotações, não perca a oportunidade de aprender mais. Afinal, um grande empreendedor não para de se desenvolver nunca.

"Torne-se a pessoa que atrai os resultados que você procura."
Jim Cathcart

Características importantes sobre o empreendedorismo

Todas as vezes que me reúno com grandes lideranças, algo que deixo claro em reuniões é que uma das principais características para empreender é a capacidade de identificar oportunidades onde outras pessoas enxergam problemas. E isso é um desafio para um líder, pois nem todas as pessoas que trabalham sob a orientação de uma liderança conseguem enxergar as oportunidades que o mercado traz.

O dono de uma grande empresa da área de calçados conhecida no mundo todo por ser a que mais tinha rentabilidade em suas vendas sugeriu que seus dois melhores gestores de negócios participassem de um desafio: vender todo o estoque de calçados. Para isso, seriam enviados à África, cada um em um período diferente, dois semestres, duas visitas distintas, com todas as despesas pagas. Ainda poderiam levar as famílias e uma equipe técnica.

No primeiro semestre, o primeiro gestor partiu para seu grande desafio na África. Mesmo com muitas dúvidas, ele e a equipe de apoio começaram os levantamentos de dados, as pesquisas e as buscas de soluções. Depois de seis meses, o primeiro gestor retornou à empresa.

No segundo semestre, o segundo gestor, com a família e a equipe, seguiu para a África. O trabalho foi o mesmo: levantamento estatístico, planejamento de vendas, reuniões e muitas aventuras profissionais. Após seis meses, o segundo gestor retornou à empresa.

A empresa convocou os dois gestores para uma reunião. Ambos estavam confiantes e prontos para iniciar as explanações, com todo o material preparado: *flipchart*, *datashow* e toda a tecnologia possível. O momento era importante para a definição de suas carreiras.

O primeiro gestor apresentou os resultados: zero de vendas em seis meses. Nada vendido. A equipe que o acompanhava estava com os olhares arregalados, os sócios, investidores e acionistas da corporação não acreditavam no que viam e ouviam. Ele deu a explicação: "Ninguém usava sapatos. Ninguém queria comprar algo inútil para eles. Infelizmente, o sapato não agregava valor, apesar de todos os esforços".

O segundo gestor, sem comentar nada sobre a apresentação do primeiro e sem expressar qualquer opinião, iniciou a própria apresentação. Com aquele sorriso que denotava confiança no sucesso alcançado, ele apresentou os histogramas do triunfo: 100% da produção semestral havia sido comprada pelo comércio de toda a área abrangida. E por quê? Eis a resposta do segundo gestor: "Ninguém usava sapatos". Surpreendentemente, os acionistas se levantaram e aplaudiram entusiasticamente o grande feito. Assim, o segundo gestor conseguiu até uma promoção em seu cargo.

O texto mostra o poder da mente empreendedora. Pontos de vista são importantes para a tomada de decisão. Quem não possuir a mente aberta (fora da caixa) para aprender perderá uma considerável oportunidade de fazer sucesso. O mundo atual requer que o empreendedor tenha visão de trezentos e sessenta graus para melhor tomar decisões que influenciarão todos os seus passos adiante.

Uma das habilidades que trabalho muito com meus liderados é a capacidade de organizar a mentalidade em relação às oportunidades de desenvolvimento, já que uma pessoa que sabe empreender é alguém que está sempre em busca de novas ideias e oportunidades de negócio, que não tem medo de correr riscos e assumir responsabilidades.

Outra característica é a incrível capacidade de inovar, visto que o empreendedor é alguém que está sempre buscando novas formas de fazer as coisas, seja por novos produtos, serviços ou processos. Está constantemente atento às tendências e mudanças no mercado, buscando se adaptar e inovar para manter-se competitivo.

Além da importância da resiliência no mundo do empreendedorismo. Empreender não é um desafio fácil, e muitas vezes o empreendedor precisa lidar também com fracassos e adversidades. Nesses momentos, é preciso estar treinado o suficiente para ter a capacidade de se recuperar rápido e aprender com os erros para seguir em frente.

A chave para se tornar um empreendedor de sucesso é estar sempre aprendendo e evoluindo. Sabe aquela ideia de ter aprendizado contínuo? Quem tem equipe precisa inspirar as pessoas ao seu redor, criando um ambiente de trabalho cada vez mais positivo e motivador. Esteja sempre aberto a novas ideias e tecnologias, atualize-se sobre as tendências do mercado e invista em conhecimento e desenvolvimento pessoal.

Apesar de algumas situações serem realmente desafiadoras, não tenha medo de cometer erros, pois podem ser valiosos para seu crescimento e aprendizado. Como já mencionei, seja resiliente e utilize cada erro como uma oportunidade para aprender e melhorar. Construa também uma rede de contatos em que possa contar sempre que precisar. Conheça outras pessoas em sua área de negócios e faça parcerias com elas. Isso pode ajudá-lo a expandir sua base de clientes e a obter novas oportunidades de negócios.

Umas das habilidades que desenvolvi ao longo da minha jornada é fazer escolhas entre trabalho e vida pessoal, o que foi primordial para que eu pudesse chegar onde estou hoje. Muitas vezes, precisamos fazer renúncias. Quando estamos no caminho do empreendedorismo, muitas coisas podem ser emocionantes e desafiadoras, e às vezes dá impressão que dessa vez não vai dar certo. Por esse motivo, é importante reservar tempo para relaxar e descontrair. Isso o ajudará a evitar doenças sérias como o *burnout*, por exemplo.

Seguindo essas dicas, você estará pronto para se tornar um empreendedor de sucesso e, principalmente, alguém que realiza monetização, pois o sucesso para uns nem sempre significa dinheiro. Tudo isso não acontece da noite para o dia e requer muito trabalho e dedicação. Mas com paixão, perseverança e uma mentalidade avançada, você pode alcançar seus objetivos empresariais e transformar seus sonhos em realidade.

Nos negócios, muitos são os desafios que surgem no caminho daqueles que buscam o sucesso. Seja você um empreendedor iniciante ou experiente, uma lição valiosa deve ser aprendida: a disciplina e a constância são alicerces sólidos para construir uma trajetória empresarial bem-sucedida.

Imagine alguém que empreende como alguém que arrisca, sem medo, sem olhar para trás, em um mercado vasto e imprevisível. As oportunidades e dificuldades são constantes, é a disciplina que serve como apoio para manter o rumo. É a constância que permite continuar avançando mesmo quando os ventos sopram contrários.

Por isso, é importante ter um planejamento estratégico para não agir impulsivamente, mas sim com base em um plano sólido. Isso envolve definir metas claras, traçar um roteiro de como alcançá-las e estabelecer prazos para cada etapa do processo. Também é essencial manter as finanças em ordem. A disciplina financeira inclui o controle de gastos, o acompanhamento de receitas, a alocação eficaz de recursos e o planejamento de investimentos.

Ter uma rotina bem estabelecida contribui para a eficiência e a produtividade. Isso significa definir horários de trabalho, cumprir tarefas diárias e estabelecer rituais que ajudem a manter o foco. A disciplina de um empreendedor envolve resistir às distrações e tentações que podem desviar do caminho traçado. Isso pode incluir resistir ao impulso de procrastinar, evitar decisões impulsivas e manter o compromisso com os objetivos estabelecidos.

Quando falamos de negócios e empresas, fracassos são inevitáveis. A constância permite que o empreendedor veja o fracasso como uma oportunidade de aprendizado e continue avançando com determinação. É preciso ser constante na busca por adaptação e inovação. Por isso, devemos estar sempre prontos para ajustar nossas estratégias e modelos de negócios para atender às demandas do momento.

No começo da minha carreira, me questionaram sobre qual o aspecto fundamental para se tornar um empreendedor de sucesso. Minha resposta foi e sempre será: encontre um nicho de mercado com o qual você se identifique e que esteja em crescimento. Identifique uma necessidade do mercado que ainda não esteja sendo atendida e ofereça soluções criativas e inovadoras para preencher essa lacuna.

Além de tudo que escrevi por aqui, é muito importante que tenha uma visão clara do seu negócio, do que realmente quer e coloque metas realistas e alcançáveis a curto, médio e longo prazo. Isso vai ajudá-lo a manter o foco e a direcionar seus esforços para alcançar seus objetivos.

Ao longo desta obra, falarei de outros aspectos que são importantes para seu crescimento, como a gestão financeira do seu negócio. Insisto muito nessa parte, pois é essencial ter um planejamento financeiro sólido e manter um controle rigoroso sobre seus gastos e receitas. Tenha uma reserva de emergência e invista em sua empresa e em você de forma estratégica e consciente.

Empreender consiste em solucionar os problemas dos clientes, e aqueles que conseguem solucionar mais problemas são os que mais prosperam financeiramente. Jamais esqueça que a liderança é uma habilidade que precisa ser aprimorada na vida de qualquer empreendedor de sucesso. Ninguém nasce sabendo, embora alguns possuam mais facilidade, mas tudo é treinável.

Todas essas habilidades e características podem ser desenvolvidas com o tempo e a prática. O necessário para se desenvolver ainda mais é ter uma mentalidade empreendedora, ser proativo e estar sempre disposto a aprender e crescer. Com dedicação e determinação, você poderá se tornar quem quiser e criar um negócio bem-sucedido que possa impactar positivamente a vida das pessoas. Isso envolve estar sempre atento às mudanças do mercado e às necessidades dos clientes, pois tudo muda o tempo todo. Então, esteja disposto a adaptar seu negócio e sua oferta de produtos ou serviços para atender às demandas de um mercado em constante evolução.

Esteja presente e seja forte no ambiente on-line. Essa é uma habilidade importantíssima para o empreendedor que deseja estabelecer mais conexões com seus clientes, o que nos diferencia dos concorrentes. Hoje, a maioria dos clientes faz pesquisas on-line, então é essencial ter uma presença digital para se conectar com seus clientes em potencial. Invista em um *website* profissional, em redes sociais estratégicas e em *marketing* digital eficaz para aumentar sua visibilidade e atrair clientes.

Tenha uma equipe de profissionais qualificados e comprometidos com o sucesso da empresa ou do seu negócio. Não importa se são contratados fixos ou terceirizados, mas tenha parceiros talentosos e comprometidos com a cultura da empresa e crie uma cultura de trabalho positiva e colaborativa.

É importante que você saiba que o sucesso não é apenas medido em termos financeiros. É preciso ter um impacto positivo na sociedade e no mundo em geral. Considere como seu negócio pode fazer a diferença e contribuir para causas importantes e impactantes. Você merece isso.

Jamais subestime o poder do *networking*. A construção de bons relacionamentos verdadeiros e duradouros pode ser a chave para abrir portas e alcançar novas oportunidades de negócios. Hoje, quem não é visto, não é lembrado – como diz o ditado popular. Participe de eventos, faça parte de grupos de *networking* e conecte-se com outros empreendedores e profissionais do mercado que possam acrescentar à sua vida profissional.

Uma boa orientação que eu deixo para você é não se esquecer de que o fracasso faz parte do processo de aprendizado e crescimento. Só fracassa quem não tenta. Provavelmente, você já deve ter ouvido essa frase. Então, não desanime se falhar. Em vez disso, aprenda com seus fracassos e use-os como oportunidades para melhorar e evoluir.

Ser um empreendedor de sucesso é desafiador mesmo. Se fosse fácil, qualquer um seria, mas pode ser uma jornada incrivelmente gratificante e enriquecedora. Com paixão, dedicação e um compromisso com a excelência, você pode criar um negócio bem-sucedido que traga valor para seus clientes, funcionários e para a sociedade como um todo.

O empreendedorismo no trabalho autônomo: você é a própria empresa

O trabalho autônomo tem se destacado como uma opção cada vez mais popular para aqueles que buscam flexibilidade e independência em suas carreiras. Seja como *freelancer*, consultor, artista ou prestador de serviços, o profissional autônomo tem um papel importante para a economia e a sociedade. No entanto, para ter sucesso nesse caminho, a pessoa que atua de forma autônoma precisa se ver como um empreendedor.

Por que é importante adotar essa perspectiva empreendedora? A resposta está na essência do trabalho autônomo, que é como administrar uma empresa - e você é essa empresa. Existem alguns motivos pelos quais é preciso abraçar essa mentalidade empreendedora:

- Como autônomo, você é responsável por todas as finanças do seu negócio pessoal. Isso inclui o controle de despesas, receitas, pagamento de impostos e a criação de um fluxo de caixa saudável. Um empreendedor habilidoso sabe como gerenciar seu dinheiro de forma eficaz e planejar seu futuro financeiro;
- Para ter sucesso, é essencial ter uma estratégia de negócios sólida. Isso envolve definir metas claras, identificar seu mercado-alvo, analisar a concorrência e criar um plano de ação para alcançar seus objetivos.

Os empreendedores estão constantemente buscando oportunidades de crescimento e adaptação às mudanças do mercado;

- Promoção de seus serviços e atração de clientes é uma parte essencial do trabalho autônomo. Um bom empreendedor sabe como criar uma marca pessoal, usar estratégias de *marketing* digital e construir relacionamentos com os clientes para impulsionar as vendas e a expansão de sua rede de contatos;
- A disciplina na gestão do tempo serve para qualquer empreendedor. Como autônomo, você deve ser eficiente em seu trabalho, definir prazos realistas e priorizar tarefas de forma eficaz para garantir que seu negócio prospere;
- Como empreendedor de si mesmo, você enfrentará desafios e obstáculos. Ter a mentalidade empreendedora significa abordar esses problemas de forma criativa, encontrar soluções inovadoras e aprender com os erros;
- Os empreendedores autônomos têm uma visão a longo prazo de seus negócios. Eles não apenas focam nos resultados imediatos, mas também planejam e investem em seu crescimento futuro;
- Os autônomos estão sempre buscando aprender e se aprimorar. Isso inclui a aquisição de novas habilidades, a busca por oportunidades de *networking* e a expansão de seu conhecimento em sua área de atuação.

O trabalho autônomo vai muito além de simplesmente executar tarefas. É uma jornada empreendedora que requer visão, estratégia, determinação e disciplina. Ao ter uma mentalidade empreendedora, você se coloca em uma posição mais forte para alcançar o sucesso e prosperar em um mercado competitivo. Como profissional autônomo, você é a própria empresa e o sucesso dela depende da sua capacidade de gestão e liderança. Abrace o empreendedorismo e construa seu caminho para o sucesso profissional.

Se você está pensando em se tornar um empreendedor, comece a planejar sua jornada a partir desta leitura e coloque em prática essas dicas, e as que estão por vir, para maximizar suas chances de sucesso. O caminho para o empreendedorismo pode demorar, mas a recompensa pode ser incrivelmente gratificante.

SINTETIZANDO AS IDEIAS...

O empreendedorismo é um tema muito discutido nos dias atuais, mas será que todos têm a definição correta? Muitas pessoas têm dúvida sobre o que realmente significa ser um empreendedor.

Ser empreendedor vai além de ter uma ideia inovadora e colocá-la em prática; é um estilo de vida que envolve persistência, resiliência e coragem. É a capacidade de identificar oportunidades e transformá-las em negócios rentáveis e sustentáveis, mesmo diante dos desafios e incertezas do mercado.

O empreendedorismo abrange a criação e o desenvolvimento de novos negócios, ideias e projetos, e pode ser aplicado em diversos setores da sociedade. Além disso, também é uma forma de pensar e agir com criatividade, inovação e proatividade diante dos desafios do mercado.

Para se tornar um empreendedor de sucesso, é importante ter habilidades como a capacidade de identificar oportunidades, inovar, ser resiliente, aprender e evoluir, liderar, estabelecer metas, ter uma visão clara do negócio, ter uma presença digital, construir uma equipe qualificada, ter um impacto positivo na sociedade e construir uma rede de contatos sólida.

O caminho para o empreendedorismo pode ser desafiador, mas com paixão, dedicação e compromisso com a excelência, é possível criar um negócio bem-sucedido.

Agora quero convidá-lo para uma forma prática de aprendizagem. A minha intenção neste livro é que, além da leitura, valide o que aprendeu. Por isso, quero apresentar o "Em ação".

Os exercícios "Em ação" servem como uma oportunidade para consolidar o aprendizado obtido durante a leitura. Ao aplicar os conceitos e informações apresentados no livro por meio dos exercícios, os leitores têm a chance de reforçar seu entendimento e internalizar o conteúdo de forma mais eficaz.

Os exercícios "Em ação" proporcionam uma oportunidade para os leitores aplicarem os conhecimentos adquiridos em situações práticas. Isso ajuda a tornar o aprendizado mais relevante e tangível, permitindo que os leitores vejam como podem utilizar as informações no mundo real.

Quando realizar os exercícios "Em ação", poderá identificar áreas em que precisa de mais estudo ou compreensão. As questões que apresentam dificuldades podem indicar lacunas no conhecimento, incentivando os leitores a revisar e aprofundar esses tópicos específicos.

A prática repetida por meio dos exercícios "Em ação" ajuda a reforçar a memória dos conceitos e informações apresentados no livro. Quanto mais os leitores praticam e revisitam o material por meio dos exercícios, mais provável é que se lembrem dele a longo prazo.

Os exercícios muitas vezes incluem questões que exigem reflexão e análise crítica. Isso estimula os leitores a pensar de forma mais profunda sobre o conteúdo e a desenvolver habilidades de pensamento crítico, o que é essencial para o aprendizado significativo.

Portanto, a realização dos exercícios "Em ação" após a leitura não apenas reforça o aprendizado, mas também ajuda os leitores a desenvolverem habilidades importantes e a aplicarem o conhecimento de maneira prática e significativa. É uma etapa essencial no processo de absorção e assimilação do conteúdo apresentado no livro.

VAMOS LÁ!

EM AÇÃO...

O que você acha de validar o que aprendeu neste capítulo? Algo muito importante que aprendi ao longo dos anos dentro das minhas empresas é que tudo que aprendemos precisa ser treinado e validado. Não adianta nada você se dedicar a ler este livro sem que leve um ensinamento para sua carreira. Por esse motivo, preparei exercícios para aprimorar suas competências.

Preparado?

Responda:

1- Diante de tudo que leu até aqui, quais são as características que o levam a pensar que é um empreendedor?

2 - Quais são as características que encontrou como competência ideal para ser um bom empreendedor, mas que ainda precisa desenvolver?

3 - Cite 3 grandes nomes de pessoas que conhece e que são grandes empreendedores. Não é necessário que sejam pessoas famosas, podem fazer parte do seu círculo de amizades. E conte quais os motivos que levaram você a citá-las.

1 ____

Motivo: ______________________________________

____

2 ____

Motivo: ______________________________________

____

3 ____

Motivo: ______________________________________

____

“Jamais subestime o poder do *networking*. A construção de relacionamentos verdadeiros e duradouros pode ser a chave para abrir portas e alcançar novas oportunidades de negócios.”

Sophia Martins

CAPÍTULO 02

Sophia Martins

Empreendedor ou empresário, qual seu papel hoje?

Sophia Martins

No ramo dos negócios em que atuo, percebo muitas pessoas se confundirem com os conceitos de empreendedorismo e empresariado. Você deve notar que empreendedorismo é um termo bastante popular nos dias atuais, e talvez já tenha se deparado com ele em alguma situação, seja por meio de um amigo, colega de trabalho ou em alguma matéria de jornal ou revista. Porém, nem todo mundo sabe ao certo o que significa empreendedorismo, quais são as características e habilidades necessárias, muito menos a diferença entre os dois conceitos mencionados acima.

Vou começar colocando as definições de cada um, destacando as características distintas. Em seguida, discutiremos o papel do empreendedorismo e do empresariado na economia e na sociedade em geral, e como contribuem para o crescimento econômico, a criação de empregos e a inovação. Também buscarei fornecer uma visão geral do conteúdo do livro, destacando os principais tópicos que serão abordados a seguir.

Características do empresário: qualidades essenciais para o sucesso nos negócios

Ser um empresário com sucesso é um sonho compartilhado por muitos. Quem nunca parou para sonhar com um momento em que seus negócios alavancassem? Várias vezes me coloquei na posição de me ver onde estou hoje, visualizar, sonhar e realizar. Mas é necessário entender de onde vem tudo isso e como fazer para chegar lá. Por esse motivo, quero convidá-lo a entender o que faz um empresário se destacar em um mercado tão competitivo.

Vou dizer por experiência própria: para um empresário se destacar no mercado, precisa ter habilidade de tomar decisões rápidas e eficientes, de encontrar soluções inovadoras e criativas para problemas que, a princípio, parecem difíceis demais, de liderar equipes de forma inspiradora e de se adaptar às mudanças do mercado.

Ser um empresário significa ser o dono do próprio negócio e tomar as decisões estratégicas para a empresa ou para seus projetos, mesmo que seja de maneira autônoma. Como já mencionei, é diferente de empreender, pois o empreendedorismo é o processo de criar algo com valor, organizando e gerenciando recursos para transformar uma ideia em um negócio de sucesso.

O empresário é, na verdade, uma pessoa que tem como profissão promover a circulação de bens e serviços com a finalidade de obter lucro na empresa, ou seja, gerenciar empresas de forma individual ou coletiva. Vamos confessar que, de certa forma, há uma semelhança entre os dois conceitos, por isso que muitas pessoas se perguntam o que é ser empresário, pela confusão quanto à atividade.

O empresário também pode ser conceituado como o dono ou sócio de uma companhia, seja ela criada do zero ou não. Sua atuação pode ser feita no segmento comercial, industrial ou de serviços. Uma das primeiras obrigações de qualquer empresário é registrar sua empresa na junta comercial, manter um controle financeiro sobre ela e, regularmente, publicar balanços contábeis que comprovem a viabilidade do negócio.

Ser um empresário é uma tarefa um tanto árdua, pois é mais do que ter uma profissão, é ter coragem de perseguir seus sonhos e a determinação de transformá-los em realidade. São pessoas que arriscam tudo para promover a circulação de bens e serviços, com o objetivo de ganho, de gerar lucro.

Como donos ou sócios de empresas, esses visionários lideram suas equipes em busca da excelência, seja no comércio, na indústria ou no setor de serviços. Eles são os responsáveis por criar, gerenciar e expandir os negócios, enfrentando desafios e obstáculos a cada passo do caminho. Eles trabalham incansavelmente para alcançar objetivos e realizar seus sonhos.

Não sei qual sua posição hoje no mercado, mas se quer ser um empresário, prepare-se, pois se trata de uma jornada um tanto emocionante. Você precisará se arriscar, ser corajoso e ter bastante determinação para conseguir alcançar o sucesso que tanto almeja. Mas se estiver disposto a se dedicar e perseguir seus sonhos, a recompensa pode ser incrível, eu garanto.

Eu poderia listar inúmeras diferenças entre as características de um empresário e um empreendedor, mas muitas competências estão interligadas umas às outras. Por isso, mencionei algumas vezes a semelhança entre elas. Embora as funções de cada um tenham peculiaridades, é bom, independentemente do papel na sociedade, estar sempre atento a todas as informações em relação aos dois papéis.

Atenção às características que listei abaixo, as quais considero superimportantes para quem deseja ser um empresário.

E quais são as características de um empresário de sucesso?

No mundo dos negócios é necessário saber que há certas características que são comuns a todos os empresários de sucesso. Isso tudo vai muito além de um simples conhecimento técnico e das habilidades específicas do setor em que atua. Na verdade, são traços de personalidade, estilo de vida e atitude que definem os grandes líderes empresariais.

Eu preciso contar quais são as características ideais e como podem ser desenvolvidas na própria personalidade. Afinal, empresariar é uma jornada com muitas exigências. Mas não se preocupe: se estiver disposto a aprender e a se dedicar, há um mundo de possibilidades à sua espera.

- **Visão estratégica:** um empresário bem-sucedido precisa ter uma visão clara do futuro, do que deseja alcançar. Se não tiver essa visão, não saberá aonde quer chegar. Além disso, precisa desenvolver planos estratégicos para alcançar seus objetivos.

  É necessário saber exatamente aonde se quer chegar e, mais importante ainda, como chegar lá. Para isso, é preciso desenvolver planos que orientem todas as ações e decisões da empresa. No entanto, não basta ter apenas uma visão e uma estratégia, é preciso ser capaz de adaptá-las às mudanças do mercado e às novas demandas dos clientes. Fique sempre atento a tudo que acontece ao seu redor e seja flexível o suficiente para ajustar a rota sempre que necessário.

O mais interessante é que a visão e a estratégia não são responsabilidades apenas do dono da empresa, mas de toda a equipe. Todos devem estar alinhados aos objetivos e trabalhar juntos para alcançá-los. Afinal, é somente com o esforço conjunto que é possível transformar uma visão em realidade. E você sabe quem será o responsável por passar toda essa visão? Sim, você mesmo.

- **Visão a longo prazo:** você não pode e não deve olhar somente para o agora. É necessário ter uma visão clara do futuro e ser capaz de planejar ações para alcançar seus objetivos a longo prazo também.

  Faça um exercício comigo: feche os olhos e imagine sua empresa daqui a 10 anos? Como ela está? Quem trabalha nela? Quantos colaboradores? Tamanho? Estrutura? Valor de faturamento?

  É assim que deve ser sua visão a longo prazo, bem-definida e com clareza nos detalhes. Agora é só trabalhar em função do seu sonho, que já foi desenhado em sua mente.

- **Resiliência** - Você vai batalhar muito. O caminho que o empresário faz para alcançar o sucesso é cheio de obstáculos, por isso é preciso ter resiliência e perseverança para superar todos os desafios que vierem.

  Esse sucesso nos negócios não vem se toda vez que você enfrentar um problema pensar em desistir. O empresário é aquele que está disposto a se dedicar, mesmo quando as coisas "balançam", mesmo quando acredita que não vai dar certo e mesmo que tenha medo.

A vida é uma jornada cheia de altos e baixos, e o caminho para o sucesso está repleto de obstáculos. No entanto, o que diferencia aqueles que alcançam seus objetivos daqueles que desistem é a resiliência. A capacidade de se adaptar às mudanças, superar as dificuldades e continuar seguindo em frente é fundamental para alcançar o sucesso.

Vejo que a resiliência é também importante porque nos ajuda a lidar com as falhas e os erros que, inevitavelmente, enfrentamos em nossa jornada de construção de carreira. Em vez de desistirmos, podemos usar essas experiências como oportunidades para aprender, crescer e melhorar. Quando encaramos novos desafios no futuro, podemos aplicar esses aprendizados para superá-los com mais facilidade. Quem tem resiliência consegue se manter sempre com a esperança ativada, mesmo quando as coisas parecem impossíveis ou insuperáveis.

Eu sei que é fácil ficar desanimado quando enfrentamos alguns problemas, mas se mantivermos a mentalidade certa e nos lembrarmos de nossas metas, podemos continuar trabalhando duro até alcançá-las. Afinal, o sucesso não é apenas sobre o destino, é sobre a jornada para chegar lá.

- **Determinação** - O sucesso nos negócios não virá se toda vez que ocorrer um problema pensar em desistir. O empresário é aquele que está disposto a se dedicar, a superar obstáculos e a persistir mesmo diante dos desafios. Aprendemos apenas com os erros; é um jogo de acertos e erros, é muito importante ser uma pessoa determinada para que os negócios avancem.
- **Inovação** - Essa é uma palavra que encontrará com frequência quando falarmos de empreendedorismo, mas isso não significa que não sirva para os empresários também. São muitas as semelhanças e devemos aproveitar

todas elas. O mercado está em constante mudança, e quem quer ser empresário precisa estar atento a essas mudanças e ser capaz de inovar para se manter competitivo. Ele deve estar sempre em busca de soluções para resolver e estar à frente dos problemas do mercado.

- **Capacidade de liderança** - Essa é uma competência que parece óbvia, mas muitos empresários lutam diariamente para conseguir lidar com a equipe. É preciso ter habilidades de liderança fortes para motivar a equipe e delegar responsabilidades efetivamente. O empresário é o líder da empresa e, como tal, deve ser capaz de inspirar sua equipe e liderá-la com eficiência e confiança. Não há possibilidade de pensar em se tornar um empresário sem esse quesito, nem que seja para liderar a si mesmo. Ele deve ser capaz de delegar tarefas, motivar seus funcionários e tomar decisões importantes.

"A estrada para o sucesso e a estrada para o fracasso são quase exatamente as mesmas."
Colin R. Davis

A liderança é uma habilidade que precisa ser treinada em qualquer área de atuação. É necessário ter um conjunto de habilidades e competências que são necessárias para saber como motivar a equipe e delegar responsabilidades. Além disso, é necessário ter uma comunicação que seja muito bem-entendida, saber ouvir seus liderados, seus pares e dar *feedback* são algumas das características que devem constar no manual de qualquer empresário que é líder e que gosta do que faz.

Um detalhe que considero muito válido compartilhar: é importante ter em mente que a liderança para o empresário não se trata apenas de fazer com que todos sigam suas ordens, mas sim de inspirar a equipe a trabalhar em conjunto para alcançar os objetivos propostos. Estamos falando de inspiração, de fazer com que as pessoas que trabalham com você sintam vontade de compartilhar das mesmas ideias e sonhos.

Um líder forte é capaz de fazer com que sua equipe não desista dele, é capaz também de ter uma equipe seguidora dos seus conselhos. E quem está nessa jornada sabe que todos os dias vêm desafios diferentes, por isso é necessário estar preparado. Ele sabe delegar tarefas de forma clara e objetiva, valorizando o que cada pessoa tem de diferente, pois cada um tem seu papel dentro da organização, com competências e habilidades diferentes. Além disso, o líder deve ser um exemplo para a equipe, mostrando-se proativo e comprometido com os objetivos da empresa. Vale lembrar que a liderança não é uma habilidade inata, mas sim uma habilidade que pode ser desenvolvida com o tempo e com a prática.

- **Adaptabilidade** - Quem quer ser um grande empresário de sucesso precisa ser capaz de se adaptar às mudanças do mercado e encontrar novas oportunidades para seu negócio. Quando se vê, já existem estratégias diferentes. A evolução que antes acontecia em 10 anos, hoje acontece em apenas 1 ano. Se adaptar-se é uma exigência para ser bem-sucedido.

Ser um empresário, embora seja um desafio, com as características certas, é possível alcançar o sucesso nos negócios. É viável ser um diferencial e fazer as coisas acontecerem a seu favor. A visão de longo prazo, determinação, inovação, liderança e adaptabilidade são muito importantes para o sucesso desses profissionais.

SINTETIZANDO AS IDEIAS...

O empreendedorismo e o empresariado são conceitos distintos. O empreendedorismo envolve a criação de projetos, enquanto o empresariado está relacionado à administração de negócios já estabelecidos. Ser um empresário de sucesso requer habilidades como capacidade de tomar decisões rápidas, encontrar soluções inovadoras, liderar equipes e se adaptar às mudanças do mercado. O empresário é responsável por promover a circulação de bens e serviços visando o lucro da empresa. Características como visão estratégica, visão de longo prazo, resiliência, determinação, inovação, capacidade de liderança e adaptabilidade são essenciais para o sucesso nos negócios.

EM AÇÃO...

1- Após ter lido o capítulo 02, você se considera empreendedor ou empresário? Explique o motivo de sua resposta.

____

____

____

____

____

____

2- Dê uma nota de zero a dez para suas habilidades:

Visão estratégia Nota: _____

Visão a longo prazo Nota: _____

Resiliência Nota: _____

Determinação Nota: _____

Inovação Nota: _____

Capacidade de liderança Nota: _____

Adaptabilidade Nota: _____

3 - Agora que deu notas às suas habilidades, escolha 3 para desenvolver um plano de ação para cada uma delas.

1. ______________________________

O que será feito para que essa habilidade seja desenvolvida?

____

____

____

2. ______________________________

O que será feito para que essa habilidade seja desenvolvida?

____

____

____

3. ______________________________

O que será feito para que essa habilidade seja desenvolvida?

____

____

____

"Você precisará se arriscar, ser corajoso e ter bastante determinação para conseguir alcançar o sucesso que tanto almeja. Se estiver disposto a se dedicar e perseguir seus sonhos, a recompensa pode ser incrível, eu garanto."

Sophia Martins

O empreendedorismo na visão de Lee Dama: uma jornada de visão, paixão e determinação

O empreendedorismo é uma jornada repleta de desafios e incertezas, mas também de oportunidades e realizações. É ter a audácia de desafiar o *status quo*, de questionar o convencional e de buscar constantemente inovação. É estar disposto a arriscar, a sair da zona de conforto e a enfrentar o desconhecido em busca do extraordinário.

Ser empreendedor é assumir a responsabilidade pelo próprio destino, é ter visão de longo prazo e a determinação de perseverar mesmo diante das adversidades, é aprender com os fracassos, adaptar-se às mudanças e seguir com ainda mais vigor.

No mundo do empreendedorismo, não há limites para a criatividade e para a capacidade de transformação. É o lugar em que a imaginação se encontra com a ação, as ideias se materializam em produtos, serviços e soluções que impactam positivamente a vida das pessoas.

É criar não apenas para o lucro, mas também para gerar impacto social e ambiental, contribuir para um mundo melhor e mais sustentável. É construir não apenas negócios, mas sim comunidades, ecossistemas e movimentos que inspiram e promovem o progresso.

O empreendedorismo é, acima de tudo, uma forma de expressão da nossa criatividade, paixão e determinação. É a busca incessante pelo crescimento pessoal e profissional, pela realização dos nossos sonhos e pela construção de um legado que perdure além de nós mesmos.

É como se fosse uma terra cheia de árvores, de pedras, de buracos e situações em que ninguém enxerga nada. É ter a visualização de que aquele lugar pode ser algo estrondoso. Mesmo não existindo aparentemente nada, pode-se criar estradas, casas, negócios, sinergia, até o que ninguém cria. O empreendedorismo é visualizar o que ninguém visualizou, é ser chamado de louco, mas quem tem razão é você mesmo. É aquele que enxerga o 1 mais 1, mas em uma grande escala, milhões vezes milhões. É tudo isso e muito mais. Onde ninguém pode ver nada, onde todo mundo está cego, você está ali de olhos abertos, enxergando tudo.

A minha trajetória como empreendedor começou em meio à pobreza, mas com uma determinação inabalável de realizar meus sonhos. Desde que cheguei aos Estados Unidos com apenas US$ 1.700 no bolso, trabalhei incansavelmente em diversas áreas, desde entregador de pizza até vendedor de carros, até me destacar no mundo financeiro dos bancos.

Com o tempo, percebi uma lacuna nos grandes bancos em relação ao suporte financeiro para a comunidade, especialmente no setor imobiliário. Assim, fundei minha empresa e me dediquei a fornecer soluções financeiras acessíveis e personalizadas para aqueles que mais precisavam. Ao longo dos anos, meu trabalho tornou possível realizar o sonho da casa própria para muitas famílias, impactando positivamente a comunidade.

Foi durante esse caminho que conheci Sophia, apresentada pelo corretor Cássio Galiza. Conhecer Sophia foi uma verdadeira revelação em minha jornada empresarial. Desde então, nossa amizade floresceu. Percebi sua incrível inteligência, capacidade e conhecimento do mercado imobiliário brasileiro. Nossa parceria se tornou natural, pois compartilhamos não apenas objetivos semelhantes nos negócios, mas também uma paixão por aprender e crescer constantemente.

O que mais admiro em Sophia é sua busca incessante pelo conhecimento e sua habilidade excepcional em se conectar com as pessoas. Ela não apenas possui uma compreensão profunda do mercado, mas também uma habilidade inata para influenciar e criar conexões significativas. Nosso alinhamento de valores e visão nos permitiu colaborar em projetos, eventos e programas, nos quais pude testemunhar sua dedicação e comprometimento de primeira mão.

Além disso, Sophia compartilha minha crença fundamental de que o amor pelo que fazemos é essencial para o sucesso empresarial. Assim como uma planta precisa de cuidados constantes e amor para florescer, nossos negócios também precisam ser regados com paixão e dedicação para alcançar seu pleno potencial. Com Sophia ao meu lado, sei que continuaremos a crescer e impactar positivamente o mundo dos negócios e além.

É uma honra compartilhar um pouco da jornada incrível e inspiradora dessa mulher. Estou ansioso para continuar nossa parceria e alcançar novos patamares juntos.

Eliseu Gomes Dama
Experience Counts
6k Homes Funded
Over 2 Billion in loans funded
lee@heartmortgage.com
https://www.heartmortgage.com

CAPÍTULO 03

Sophia Martins

Construindo uma marca de sucesso

Sophia Martins

Entendo perfeitamente a importância de uma marca forte, afinal, é como o rosto da nossa empresa, refletindo a identidade e sendo crucial para ganhar a confiança e a fidelidade dos clientes. No início da minha trajetória profissional, dedicava muito tempo a pensar em como construir uma marca que se destacasse em meio à concorrência e deixasse uma impressão marcante.

Confesso que cometi alguns erros ao longo do caminho, mas cada falha foi uma lição valiosa que me ajudou a aprimorar estratégias. Afinal, é errando que se aprende, não é mesmo? Uma coisa que aprendi é que a comunicação clara com a marca é essencial para o sucesso; por meio dela, transmitimos nossos valores e objetivos de forma eficaz.

Observei que, antes de mergulhar na construção de uma marca, precisamos entender a visão e os valores que guiam o negócio em questão. Pergunte a si mesmo: Qual é o propósito da minha empresa? O que ela representa? Quais são os princípios que norteiam nossas ações?

Uma marca autêntica é aquela que está alinhada com a missão e os valores da empresa ou do empreendimento que está sendo criado. Quando compreende esses elementos, pode transmiti-los de forma genuína a seus clientes. Isso cria uma conexão emocional que vai além dos produtos ou serviços oferecidos.

Uma marca de sucesso não é apenas sobre o que deseja transmitir, mas também sobre como seu público percebe e se relaciona com sua empresa, é a percepção que as pessoas criam do seu negócio. Portanto, é fundamental conhecer seu público-alvo, a persona, ou seja, as pessoas que compram seu produto ou serviço, os clientes que quer impactar.

Portanto, é necessário pesquisar e compreender as necessidades, desejos e preocupações de seus clientes em potencial. Isso permitirá que adapte a mensagem e a estratégia de *marketing* para atender às suas expectativas. Lembre-se de que o *marketing* eficaz não é sobre vender a todo mundo, mas sim sobre conquistar a lealdade de um público específico.

A primeira impressão conta, e a identidade visual de sua marca tem papel importante nisso. Seu logotipo, cores, tipografia e *design* geral devem ser coesos e memoráveis, refletir a personalidade de sua marca e serem consistentemente usados em todos os materiais de *marketing*.

Investir em um *design* de qualidade é indispensável para construir uma marca de sucesso. Lembre-se de que sua identidade visual será a primeira coisa que os clientes verão, e uma imagem atraente pode deixar uma impressão duradoura.

Se perceber, as melhores marcas do mercado não apenas vendem produtos ou serviços, contam histórias. Uma narrativa cativante cria uma conexão emocional com os clientes e os envolve de forma única. Portanto, pense na história da sua empresa e como ela se relaciona com a vida das pessoas, ou pense na sua história, como ela pode impactar a vida das pessoas.

Seja autêntico em sua narrativa e conte como sua empresa surgiu, quais desafios enfrentou e como superou obstáculos. Essa história pode ser poderosa para construir uma marca sólida e criar uma relação de confiança com os clientes.

Pesquisando sobre isso, aprendi que chamamos de Jornada do Herói, uma maneira simples e com conexão, na qual pessoas e empresas comunicam sua vitória e seu sucesso por meio de suas histórias.

Pense comigo agora: qual sua jornada de herói? O que passou para chegar até onde chegou? O que precisou construir, os passos que deu até aqui, os obstáculos que quase fizeram você desistir?

Quando colocamos isso em evidência, as pessoas entendem que não foi da noite para o dia que houve uma jornada, sofrida ou não, mas teve. E para chegar até aqui com sua marca pessoal ou da sua empresa, foi necessário passar por algumas situações. E se passou e venceu, outras pessoas que estão passando também podem vencer.

Uma vez que tenha estabelecido sua marca, pense em mantê-la consistentemente positiva. Cumpra todas as promessas feitas aos clientes, ofereça um excelente atendimento e esteja atento às opiniões e críticas.

Se quer construir uma reputação sólida ao longo do tempo, fique sabendo que pode ser facilmente arruinada por ações irresponsáveis. Certifique-se de que sua empresa seja vista como confiável e respeitável em todos os momentos.

"A inovação distingue um líder de um seguidor."

Steve Jobs

Construir uma marca de sucesso requer tempo, esforço e dedicação, mas os resultados valem a pena. Quando compreende sua visão, conhece seu público-alvo, cria uma identidade visual marcante, conta uma história cativante e constrói uma reputação sólida, está no caminho certo para se destacar no mundo dos negócios.

Uma marca forte não apenas atrai clientes, mas também inspira confiança e lealdade. Mantenha-se fiel a seus valores e compromissos, e sua marca será um ativo valioso que impulsionará o sucesso do seu empreendimento.

Construir uma marca de sucesso é um desafio emocionante para qualquer empreendedor. Para alcançar esse objetivo, é preciso seguir algumas etapas.

- **Defina sua identidade e valores**: comece mergulhando no âmago do seu negócio: quem você é e o que representa? Defina claramente sua missão, visão e valores. Sua missão é a razão pela qual sua empresa existe, sua visão é o futuro que deseja alcançar, e seus valores são os princípios fundamentais que guiam suas ações e decisões. Esses elementos não apenas delineiam o propósito e a direção da sua marca, mas também estabelecem uma linguagem comum que ressoa com seu público-alvo, permitindo uma conexão mais profunda e significativa. Quando articula e vive esses aspectos centrais da sua identidade, constrói confiança, lealdade e afinidade com seus clientes, diferenciando sua marca no mercado e impulsionando o sucesso a longo prazo.
- **Conheça seu público-alvo:** conhecer o público-alvo é uma etapa que deve acontecer para que tenha sucesso em qualquer empreendimento. Se quiser conhecer

clientes ideais, então deve investir tempo e recursos em pesquisas de mercado para compreender profundamente quem são. Investigue não apenas as características demográficas, mas também as necessidades, desejos e preocupações que impulsionam o comportamento de consumo. Quanto mais você conhecer seu público-alvo, mais poderá direcionar estratégias de marca, criando produtos, serviços e mensagens que ressoem com eles. Essa compreensão aprofundada não só aumenta a eficácia das suas campanhas de *marketing*, mas também fortalece o vínculo entre sua marca e seus clientes, promovendo relacionamentos duradouros e fidelidade à marca.

- **Desenvolva uma identidade visual forte:** para desenvolver uma identidade visual forte, é necessário criar elementos visuais coesos que capturem a essência e a personalidade da sua marca. Comece pelo logotipo, que deve ser único, simples e facilmente reconhecível. Escolha cores que transmitam a mensagem certa e que estejam alinhadas com a identidade da sua marca. A tipografia também é importante, pois deve ser legível e complementar o estilo visual geral. Além disso, os elementos de *design*, como padrões, ícones e ilustrações, podem ajudar a reforçar a identidade da marca e criar uma experiência visual consistente em todos os pontos de contato com o público. Garanta que todos esses elementos trabalhem em conjunto de forma harmoniosa, assim, constrói uma identidade visual forte que não apenas se destaca, mas também é facilmente reconhecível e memorável para seu público-alvo.

- **Conte uma história cativante:** toda história por trás de uma marca é uma ferramenta poderosa para envolver e cativar seu público-alvo. Compartilhar a jornada desde o início cria uma conexão emocional genuína e diferencia a sua marca da concorrência. Comece contando como tudo começou, desde a inspiração inicial até os primeiros passos para transformar essa ideia em realidade. Destaque os obstáculos que foram enfrentados ao longo do caminho, mostrando como a determinação e a paixão foram fundamentais para superá-los. Seja autêntico e transparente, compartilhando tanto os momentos de sucesso quanto as adversidades, pois isso cria uma narrativa mais envolvente e realista. Contando histórias por trás da sua marca, você constrói uma conexão emocional com seu público e destaca os valores e a personalidade únicos que tornam a sua marca especial. Essa narrativa autêntica pode se tornar um diferencial poderoso, destacando a sua marca no mercado.

- **Ofereça qualidade e consistência:** a qualidade do seu produto ou serviço é a pedra angular da reputação da sua marca. Garanta que seus produtos não apenas atendam, mas superem as expectativas dos clientes. Não é apenas oferecer produtos ou serviços de alta qualidade, mas garantir uma experiência consistente e excepcional em todas as interações com o cliente. Desde o atendimento ao cliente até a embalagem do produto, cada ponto de contato deve refletir os mais altos padrões de excelência e profissionalismo. Manter essa consistência reforça a confiança dos clientes na sua marca, também ajuda a construir uma reputação positiva ao longo do tempo. A qualidade não é apenas sobre o produto em si, mas também sobre a experiência completa que você oferece a seus clientes.

- **Construa uma presença on-line:** no mundo digital atual, uma presença on-line frequente é de extrema importância para o sucesso de qualquer negócio. Ter um site profissional é essencial, pois é muitas vezes o primeiro ponto de contato dos clientes com a sua marca. Também estar ativo e engajado nas redes sociais relevantes é uma maneira de alcançar e interagir com seu público-alvo. Criar e compartilhar conteúdo de qualidade é outra estratégia para manter a relevância e atrair a atenção dos usuários on-line. Dessa forma, aumentará a visibilidade da sua marca, também ajuda a construir credibilidade quando demonstrar conhecimento e expertise no seu setor. Sabemos que o mundo está cada vez mais digitalizado, por esse motivo uma presença on-line forte pode ser a chave para o crescimento e o sucesso do seu negócio.

- **Fomente o engajamento e a lealdade:** em vez de focar apenas na aquisição de novos clientes, é mais econômico e vantajoso investir em estratégias que aumentem o relacionamento com os clientes existentes. Uma maneira de fazer isso é por meio de programas de fidelidade que recompensam a repetição de compras e o engajamento contínuo. Enviar *newsletters* informativas e relevantes é uma ótima maneira de manter os clientes informados sobre novidades, promoções e conteúdo exclusivo. A interação ativa nas redes sociais também é interessante, seja respondendo a comentários e mensagens, compartilhando conteúdo interessante ou promovendo discussões com a comunidade. Quando você demonstra um interesse verdadeiro e valoriza o relacionamento com seus clientes, isso fortalece os laços de confiança e lealdade, o que resulta uma base de clientes fiéis, que tendem a continuar apoiando e recomendando sua marca.

- **Aprenda com o feedback:** entender o que os clientes têm a dizer é fundamental para o contínuo aprimoramento do seu negócio. Estar aberto e receptivo às opiniões deles é essencial, pois essas contribuições podem fornecer *insights* valiosos para melhorar produtos, serviços e processos. Mostrar essa disposição para ouvir *feedback* demonstra um compromisso genuíno em proporcionar a melhor experiência possível aos clientes. Além disso, ao colocar em prática as sugestões e críticas recebidas, não apenas fortalecemos o relacionamento com os clientes, mas também reforçamos o valor que atribuímos às suas opiniões, mostrando nossa prontidão para nos adaptarmos às suas necessidades e expectativas em constante mudança.

- **Mantenha-se adaptável:** compreender a dinâmica em constante mudança do mercado é essencial. Afinal, o cenário comercial está em constante mudança, com novas tendências e demandas surgindo o tempo todo. Por isso, você deve estar preparado para se adaptar e evoluir com essas transformações. Adquira a capacidade de se ajustar às novas necessidades do mercado e de identificar e aproveitar oportunidades emergentes, pois é o que diferencia as empresas de sucesso daquelas que ficaram para trás. Se você se colocar flexível e aberto à inovação, posicionará sua empresa para enfrentar desafios e se destacar no mercado.
- **Aja com integridade:** agir com integridade é como construímos a base sólida da nossa marca. É a bússola que nos guia em todas as nossas decisões. Comprometer a integridade significa desviar do nosso caminho autêntico, daquilo que realmente somos e acreditamos. A confiança dos nossos clientes é como um tesouro precioso que só podemos conquistar com doses generosas

de honestidade e transparência. Quando eles veem que somos verdadeiros em todas as nossas interações, quando cumprimos cada promessa feita, essa confiança se solidifica. Tratar os clientes com respeito vai além do simples ato de cortesia. É reconhecer a importância de cada indivíduo que escolhe nos dar sua confiança e seu negócio. É cultivar relacionamentos genuínos, baseados no mútuo respeito e valorização. Quando agimos com integridade, fortalecemos laços duradouros com aqueles que nos escolhem como parceiros.

Quando pensar em construir uma marca de sucesso, não esqueça que é um processo contínuo que exige dedicação e paciência. O sucesso da sua marca não se baseia apenas no que você faz, mas também em como você faz.

No coração de cada marca de sucesso, encontra-se uma visão poderosa. Steve Jobs, cofundador da Apple, é um exemplo clássico. Sua capacidade de antecipar tendências e criar produtos que combinam funcionalidade com *design* estético revolucionou a indústria de tecnologia. Jobs não apenas entendeu as necessidades dos consumidores, mas também as moldou, introduzindo produtos que definiram gerações, como o iPhone e o iPad.

Um elemento-chave no sucesso de uma marca é a compreensão profunda do seu público-alvo. A Amazon, liderada por Jeff Bezos, exemplifica isso. Inicialmente uma livraria on-line, a Amazon evoluiu para um gigante do *e-commerce* ao entender e atender às variadas necessidades de seus clientes. Bezos focou em conveniência, variedade e rapidez, elementos que se tornaram sinônimos da marca Amazon.

O *marketing* eficaz e o posicionamento estratégico são vitais. A Nike, sob a liderança de Phil Knight, destacou-se por sua habilidade em criar uma marca aspiracional, associando seus produtos a atletas famosos e campanhas impactantes. Essa estratégia aumentou a visibilidade da marca, também estabeleceu uma conexão emocional com o público.

Olhando para a capacidade de inovação e adaptação às mudanças do mercado, podemos encontrar inspiração na jornada da Samsung, que começou como uma pequena empresa de exportação e se transformou em um líder global em tecnologia. Como isso foi possível? Bem, não apenas seguiu o fluxo das mudanças, mas também se destacou em constantes inovações em eletrônicos e tecnologia da informação. O segredo? Sua habilidade em se ajustar rapidamente às tendências do mercado e o investimento contínuo em pesquisa e desenvolvimento. Essa mentalidade ágil e voltada para o futuro foi essencial para seu sucesso e crescimento ao longo dos anos.

A Starbucks, liderada por Howard Schultz, transcende o conceito de uma simples rede de cafeterias; ela se tornou um verdadeiro "terceiro lugar" na vida das pessoas, um espaço entre a casa e o trabalho. Schultz conseguiu criar uma experiência única para os clientes, baseada em um ambiente acolhedor e produtos de alta qualidade. Isso gerou uma lealdade incrível à marca.

Mas para chegar a esse ponto, foi necessário muito mais do que apenas boas ideias, foi preciso uma dose extra de resiliência e perseverança. Todas essas marcas, inclusive a Starbucks, enfrentaram desafios e períodos difíceis. O que realmente as destacou foi a capacidade de persistir, se adaptar e continuar inovando, mesmo diante das adversidades. Essa tenacidade é um traço marcante compartilhado por todos os empreendedores de sucesso.

Construir uma marca de sucesso é uma jornada desafiadora, que demanda uma combinação de visão, compreensão do público-alvo, estratégias de *marketing* eficazes, inovação contínua, uma cultura empresarial sólida e, acima de tudo, resiliência. As histórias de empresas como Apple, Amazon, Nike, Samsung e Starbucks são verdadeiros testemunhos do poder da persistência, inovação e entendimento do mercado. São relatos inspiradores que não só incentivam, mas também orientam novos empreendedores no caminho rumo ao sucesso.

Grandes lições de grandes empreendedores

Steve Jobs, cofundador da Apple e uma das figuras mais icônicas do empreendedorismo, deixou um legado duradouro na indústria de tecnologia e nos negócios como um todo. Uma das lições mais marcantes que podemos extrair de sua vida é a importância da paixão pela inovação e pelo *design*.

Jobs não apenas buscava criar produtos tecnologicamente avançados, mas também os concebia de maneira esteticamente atraente. Ele entendia que o *design* não era apenas sobre a aparência, mas também sobre a experiência do usuário. Essa atenção meticulosa aos detalhes foi evidente em produtos icônicos como o iPhone e o Macintosh, que não apenas funcionavam bem, mas eram também elegantes e intuitivos.

Além disso, ele era conhecido por sua mentalidade de "pensar diferente". Desafiava constantemente o *status quo* e estava disposto a questionar as normas estabelecidas. Isso o levou a criar produtos revolucionários que mudaram a forma como interagimos com a tecnologia e o mundo ao nosso redor.

Uma das lições mais importantes que podemos aprender com Steve Jobs é a determinação em perseguir apaixonadamente uma visão, mesmo quando enfrentamos obstáculos e críticas. Jobs foi demitido da própria empresa que ele cofundou, mas não desistiu. Voltou à Apple com ainda mais determinação e lançou produtos que redefiniram a indústria.

Portanto, a lição de Steve Jobs para os empreendedores é clara: não se contente com o convencional, siga sua visão com paixão, inove incessantemente e esteja disposto a desafiar o *status quo*. É essa mentalidade que pode levar a conquistas extraordinárias no mundo dos negócios e na vida como um todo. Steve Jobs nos lembra que o empreendedorismo bem-sucedido não é apenas sobre ganhar dinheiro, mas também sobre deixar um impacto duradouro pela inovação e pela paixão pelo que fazemos.

Elon Musk, o visionário fundador da Tesla, SpaceX e outras empresas inovadoras. É uma figura que exemplifica a ambição e determinação no mundo do empreendedorismo. Uma das lições mais marcantes que podemos extrair de sua jornada é a coragem de assumir riscos e abraçar desafios que podem parecer impossíveis.

Musk é conhecido por se envolver em empreendimentos que envolvem riscos significativos, como a colonização de Marte com a SpaceX e a revolução da indústria automobilística com a Tesla. Muitas pessoas poderiam ter desencorajado essas ideias como inatingíveis ou arriscadas demais, mas Musk não se deixou intimidar. Ele entende que o progresso muitas vezes requer enfrentar o desconhecido e se aventurar aonde outros temem ir.

Outra característica marcante de Musk é sua busca incessante por soluções inovadoras. Ele não apenas tenta replicar o que já existe, mas busca constantemente maneiras de melhorar e reinventar setores inteiros. A Tesla, por exemplo, não apenas produz carros elétricos, mas redefine a maneira como os veículos são fabricados e como a energia é armazenada e distribuída.

Elon Musk também nos ensina sobre a importância da resiliência. Ele enfrentou inúmeros obstáculos ao longo de sua carreira, incluindo falhas e críticas severas, mas sempre encontrou maneiras de superá-los. Sua determinação inabalável é uma inspiração para empreendedores que enfrentam adversidades em seus caminhos.

A lição de Elon Musk para os empreendedores é clara: não tenha medo de correr riscos, abrace desafios aparentemente impossíveis com determinação e esteja sempre em busca de soluções inovadoras. Musk demonstra que é possível alcançar o extraordinário quando se está disposto a se aventurar fora da zona de conforto e a perseguir metas ambiciosas. Sua história nos lembra que o empreendedorismo bem-sucedido muitas vezes exige coragem e uma mentalidade de resiliência.

Oprah Winfrey, uma renomada apresentadora de TV e empresária, é muito mais do que apenas um ícone da mídia. Sua trajetória é um exemplo inspirador de superação e empreendedorismo pessoal, e suas lições são preciosas para aqueles que desejam deixar sua marca no mundo dos negócios.

Uma das lições mais notáveis de Oprah é a importância de construir uma marca pessoal forte. Ela não apenas se destacou como uma comunicadora talentosa, mas também construiu uma presença autêntica e cativante. Sua sinceridade, empatia e autenticidade conectaram-se com seu público, o que a ajudou a estabelecer uma base de fãs leais ao longo dos anos. Isso nos ensina que, no empreendedorismo, a autenticidade e a conexão emocional com o público podem ser tão valiosas quanto qualquer produto ou serviço.

Oprah usou sua influência e alcance para apoiar causas nas quais acredita profundamente. Ela é uma defensora apaixonada de questões como a educação, os direitos das mulheres e a igualdade racial. Isso nos lembra da importância de usar nossa posição e recursos para fazer o bem no mundo, não apenas buscando o sucesso financeiro, mas também contribuindo para causas que tenham um impacto positivo na sociedade.

Outra lição valiosa que podemos aprender com Oprah é a capacidade de superar desafios pessoais e profissionais. Ela enfrentou adversidades em sua vida, desde uma infância difícil até obstáculos em sua carreira, mas nunca desistiu de seus objetivos. Sua história de superação é um exemplo de resiliência e determinação que pode inspirar empreendedores a persistirem em meio a dificuldades.

Oprah Winfrey nos ensina que o empreendedorismo pessoal é mais do que apenas acumular riqueza; trata-se de construir uma marca autêntica, usar nossa influência para causas nobres e superar desafios com determinação. Sua jornada é uma fonte de inspiração para aqueles que buscam sucesso nos negócios e na vida, lembrando-nos de que o impacto positivo que deixamos no mundo pode ser tão importante quanto nossas realizações pessoais.

Warren Buffett é amplamente reconhecido como um dos maiores investidores de todos os tempos, e sua abordagem única para os investimentos é uma fonte de inspiração para muitos. Ele nos ensina que investir com sucesso não é apenas sobre comprar e vender ações, mas sim sobre adotar uma mentalidade de longo prazo e seguir princípios fundamentais sólidos.

Uma das lições mais importantes de Buffett é a importância da paciência. Ele é conhecido por sua capacidade de manter seus investimentos por décadas, em vez de se deixar levar pela volatilidade de curto prazo do mercado. Isso nos lembra que, no mundo dos investimentos, a pressa e a impaciência muitas vezes podem levar a decisões precipitadas e prejuízos. A paciência permite que os investidores resistam às oscilações do mercado e aguardem o momento certo para colher os frutos de seus investimentos.

Outra lição valiosa de Buffett é a importância da pesquisa meticulosa. Ele gasta uma quantidade significativa de tempo analisando empresas e setores antes de tomar uma decisão de investimento. Isso nos ensina que é crucial entender profundamente o que estamos investindo e tomar decisões informadas com base em uma análise sólida.

Buffett enfatiza a importância de uma estratégia de investimento sólida. Ele tem princípios bem definidos, como investir em empresas com vantagens competitivas duradouras e em setores que compreende bem. Isso nos mostra que ter uma estratégia clara e aderir a ela é fundamental para o sucesso a longo prazo nos investimentos.

Ele também nos lembra que o conhecimento financeiro é acessível a todos, e que não é necessário ser um especialista em finanças para investir com sabedoria. Sua abordagem de investimento simples, baseada em princípios sólidos, é um testemunho de que qualquer pessoa pode aprender e aplicar esses conceitos para construir riqueza ao longo do tempo.

Warren Buffett nos ensina que o investimento bem-sucedido requer paciência, pesquisa diligente e uma estratégia sólida. Sua história de sucesso é uma prova de que adotar uma abordagem de longo prazo e seguir princípios fundamentais pode ser mais eficaz do que tentar prever as flutuações de curto prazo do mercado. Suas lições são um guia valioso para investidores que buscam criar riqueza de forma prudente e sustentável.

Mark Zuckerberg, o criador do Facebook, é um exemplo marcante de como uma ideia simples pode se transformar em uma plataforma global de proporções inimagináveis. Sua jornada nos ensina várias lições essenciais para empreendedores:

1. **Adaptação constante:** uma das características mais notáveis de Zuckerberg é sua capacidade de se adaptar constantemente às mudanças do ambiente empresarial e tecnológico. O Facebook começou como uma rede social exclusiva para estudantes de Harvard e, ao longo do tempo, evoluiu para uma plataforma que conecta bilhões de pessoas em todo o mundo. Isso nos ensina que, no mundo dos negócios, precisa estar disposto a mudar e se adaptar às demandas em constante evolução dos consumidores e do mercado.
2. **Aprendizado com os erros:** Zuckerberg também nos mostra a importância de aprender com os erros. O Facebook enfrentou críticas e desafios ao longo de sua história, desde preocupações com privacidade até problemas de segurança de dados. No entanto, Zuckerberg e sua equipe aprenderam com esses

erros e implementaram mudanças para melhorar a plataforma. Isso destaca a necessidade de ser humilde o suficiente para reconhecer erros e usar essas experiências para fazer melhorias contínuas.

3. **Visão de longo prazo:** Zuckerberg é conhecido por manter uma visão de longo prazo para o Facebook e outras empresas que ele adquiriu, como o Instagram e o WhatsApp. Ele entende que construir uma plataforma global leva tempo e compromisso. Essa mentalidade de longo prazo é fundamental para o sucesso duradouro nos negócios.
4. **Inovação constante:** além de se adaptar, Zuckerberg também promove a inovação constante. O Facebook continua a introduzir novos recursos e serviços para manter os usuários engajados e atender às necessidades em constante mudança. Isso nos ensina que a inovação é fundamental para permanecer relevante no mercado.
5. **Resiliência:** a jornada de Zuckerberg também destaca a resiliência necessária para enfrentar desafios e críticas. Ele não se deixou abalar por controvérsias e adversidades, mas manteve seu compromisso com a visão e os valores do Facebook.

Mark Zuckerberg nos ensina que o empreendedorismo bem-sucedido envolve adaptação constante, aprendizado com os erros, visão de longo prazo, inovação e resiliência. Sua história é um lembrete de que, mesmo ideias simples, podem se transformar em impérios globais quando combinadas com a mentalidade certa e a disposição para enfrentar desafios e aprender ao longo do caminho.

Jeff Bezos, o fundador da Amazon, é amplamente reconhecido como um dos líderes mais influentes do mundo dos negócios. Sua jornada e a filosofia por trás da Amazon nos ensinam valiosas lições sobre empreendedorismo e como construir uma empresa de sucesso.

1. **Obsessão pelo cliente:** uma das características mais marcantes da abordagem da Amazon é a obsessão pelo cliente. Bezos sempre enfatizou que o foco principal da empresa deve ser a satisfação do cliente. Ele incentivou seus funcionários a pensarem constantemente na experiência do cliente, e isso se refletiu em práticas como a oferta de um excelente serviço ao cliente e a ênfase na entrega rápida e conveniente. Essa lição é essencial para empreendedores, pois mostra que colocar o cliente no centro de todas as decisões pode levar a um crescimento significativo e à fidelização dele.

2. **Inovação constante:** Bezos é um defensor da inovação constante. Ele acredita que as empresas que não estão dispostas a inovar rapidamente estão fadadas ao declínio. A Amazon introduziu inúmeras inovações ao longo dos anos, desde o Kindle até a Amazon Web Services (AWS), que revolucionaram a indústria editorial e de tecnologia. Essa lição nos ensina que a busca contínua pela inovação é fundamental para manter uma vantagem competitiva e sustentar o crescimento.

3. **Disrupção:** a Amazon é conhecida por sua capacidade de perturbar setores inteiros. Bezos viu oportunidades de disrupção em indústrias tradicionais, como varejo e logística, e explorou essas oportunidades com determinação. Isso nos mostra que não devemos ter

medo de desafiar modelos de negócios estabelecidos e que a disrupção pode ser a chave para o sucesso empreendedor.

4. **Longo prazo:** Bezos tem uma visão de longo prazo para a Amazon e está disposto a aceitar investimentos significativos que podem não render lucros imediatos, mas que têm potencial para transformar o futuro da empresa. Essa mentalidade de longo prazo é uma lição valiosa para empreendedores, pois demonstra que a construção de um negócio duradouro pode exigir paciência e comprometimento com uma visão de longo prazo.
5. **Aprendizado contínuo:** Jeff Bezos é um ávido defensor do aprendizado contínuo. Ele está sempre disposto a aprender com os erros e a adaptar a estratégia da Amazon conforme necessário. Isso destaca a importância de seguir um plano rígido, de ser flexível e disposto a ajustar a direção conforme as circunstâncias mudam.

A jornada de Jeff Bezos e a trajetória da Amazon nos mostram que o segredo do sucesso nos negócios vai além das planilhas e dos números. É sobre colocar o cliente no centro de tudo, sobre buscar constantemente a inovação, ter coragem para quebrar paradigmas, pensar no longo prazo e nunca parar de aprender. Esses são os ingredientes essenciais que eles nos ensinam. A história inspiradora de Bezos e a filosofia única da Amazon não são apenas exemplos a serem admirados, mas sim um guia valioso para todos os empreendedores que sonham em construir empresas sólidas e duradouras.

Como entender e se comunicar com as novas gerações

No empreendedorismo moderno, é necessário compreendermos as diferentes gerações para estabelecer uma comunicação com cada uma delas. As gerações, como os Baby Boomers, a Geração X, os Millennials e a Geração Z, têm experiências de vida, valores e expectativas únicas que influenciam sua abordagem aos negócios. Portanto, adaptar a forma como nos comunicamos com esses grupos é crucial para atingir um público diversificado e alcançar um mercado mais amplo.

Primeiramente, os Baby Boomers, nascidos entre 1946 e 1964, tendem a valorizar a estabilidade e a lealdade às marcas. Para se comunicar com essa geração, é importante adotar estratégias mais tradicionais, como *marketing* por e-mail e publicidade impressa, além de oferecer um excelente atendimento ao cliente.

A Geração X, composta por pessoas nascidas entre 1965 e 1980, é conhecida por ser independente e cética. Para alcançar esse grupo, é fundamental oferecer produtos ou serviços que economizem tempo e sejam convenientes. Além disso, é importante ressaltar que estratégias de *marketing* on-line, como o uso das redes sociais e o *marketing* de conteúdo, podem ser particularmente eficazes para engajar os membros da Geração X.

Os Millennials, nascidos entre 1981 e 1996, são uma geração que valoriza a autenticidade, a sustentabilidade e a responsabilidade social. Comunicar-se com os Millennials requer uma presença forte nas redes sociais, contar histórias autênticas sobre a marca e demonstrar um compromisso com questões sociais e ambientais.

Por último, a Geração Z, composta por aqueles nascidos desde meados dos anos 1990 até meados dos anos 2010, é uma geração profundamente imersa no mundo digital, que valoriza muito a inovação e a diversidade. Para se conectar com a Geração Z, é preciso criar estratégias de *marketing* digital inteligentes, como colaborações com influenciadores nas redes sociais e campanhas publicitárias direcionadas. Sem esquecer a necessidade de ser transparente e genuíno, para conquistar a confiança dessa geração tão crítica e exigente.

A compreensão das diferentes gerações e a adaptação da comunicação para atender às suas necessidades são fatores críticos para o sucesso. É importante lembrar que as gerações não são homogêneas, e cada indivíduo é único, mas considerar suas características gerais pode ajudar a direcionar estratégias de *marketing* e comunicação de forma mais eficaz. A capacidade de se adaptar e evoluir na forma como nos comunicamos com diferentes grupos geracionais é a chave para conquistar e manter uma base de clientes diversificada e leal.

SINTETIZANDO AS IDEIAS...

Uma marca sólida é um ativo inestimável, representando a identidade da empresa e conquistando a confiança dos clientes. No início da minha carreira, dediquei tempo a considerar como um empreendedor pode construir uma marca de sucesso e deixar uma impressão duradoura. Cometi erros ao longo do caminho, mas depois de aperfeiçoar minhas estratégias, elas nunca mais falharam.

Pergunte a si mesmo: qual é o propósito da minha empresa? O que ela representa? Quais são os princípios que orientam nossas ações?

Uma marca de sucesso não é apenas sobre a mensagem que você deseja transmitir, mas também como seu público a percebe e se relaciona com ela. Portanto, é fundamental conhecer seu público-alvo, suas necessidades e desejos, adaptando sua estratégia de *marketing* para atender às expectativas de um público específico.

A identidade visual passa a primeira impressão. Logotipos, cores, tipografia e *design* geral devem ser coesos e memoráveis, refletindo a personalidade da marca em todos os materiais de *marketing*.

As melhores marcas contam histórias cativantes que criam uma conexão emocional com os clientes. Conte a história da sua empresa, como ela surgiu, os desafios enfrentados e como superou obstáculos. Chamamos isso de "jornada do herói".

Após estabelecer sua marca, mantenha uma reputação positiva. Cumpra promessas, forneça excelente atendimento e esteja atento às opiniões e críticas dos clientes. Construir uma marca de sucesso requer tempo e dedicação. Mantenha-se fiel a seus valores e compromissos, e sua marca será um ativo valioso que impulsionará o sucesso do seu empreendimento.

"Quando pensar em construir uma marca de sucesso, não esqueça que é um processo contínuo que exige dedicação e paciência. O sucesso da sua marca não se baseia apenas no que você faz, mas também em como você faz."

Sophia Martins

CAPÍTULO 04

Sophia Martins

O papel da criatividade no empreendedorismo

Sophia Martins

Você acredita que o mundo do empreendedorismo deve ser criativo? Eu acredito que o poder da criatividade é uma ferramenta necessária para o sucesso de qualquer empreendedor. Claro que se você ainda não possui essa habilidade, não se preocupe, pois poderá desenvolvê-la. Como eu já disse anteriormente, tudo é desenvolvido, basta treinar.

O empreendedorismo é a vez do negócio, é o que se discute agora no momento e, com isso, está em constante evolução, exigindo novas abordagens para enfrentar os desafios do mercado atual. Quando desenvolvemos, treinamos e nutrimos a criatividade, nos destacamos como diferenciais, encontramos soluções únicas para impulsionar o crescimento dos nossos negócios.

A criatividade é uma habilidade inerente a todos nós, mas muitas vezes fica adormecida ou subestimada. Existem momentos que duvidamos que somos capazes de ser criativos em nossos negócios. Mas o que nos anima é que é possível despertar e fortalecer essa capacidade por meio de técnicas e práticas específicas.

Quando falamos sobre empreendedorismo, nos vem à mente uma série de práticas que precisam ser desenvolvidas, já que é uma área que demanda uma variedade de habilidades e uma mentalidade voltada para o sucesso. Se você deseja se destacar nesse mercado, independentemente do seu nicho de atuação, não basta ter apenas algumas habilidades técnicas e conhecimento do seu setor, é essencial ser uma pessoa criativa. Afinal, tudo o que se elabora hoje, especialmente na posição de empreendedor, requer um toque de criatividade.

Não sei se você já parou para se perguntar: qual é, então, o papel fundamental que a criatividade desempenha no empreendedorismo e como ela pode impulsionar o crescimento e a inovação nos negócios? Se já parou para pensar sobre isso, olha o que preparei para você.

Embora muitas pessoas pensem que ser criativo é ser diferente, afirmo que a criatividade é a capacidade de pensar de forma original, conectar ideias aparentemente desconexas e encontrar soluções inovadoras para problemas complexos. No empreendedorismo, a criatividade vai fazer diferença em todas as etapas do processo, desde a concepção de uma ideia de negócio até a implementação e o crescimento. E todo esse pensamento, toda essa capacidade está em você, por isso que digo que é um pensamento original.

Por que muitas pessoas não acreditam no poder criativo delas? Muitas vezes, quando uma ideia surge, a maioria das pessoas não acredita que pode dar certo, não coloca no papel e não busca realizar seus projetos, devido a crenças que as limitam, ou até mesmo à falta de acreditar em si mesmas.

Quando se inicia um empreendimento, a primeira coisa a se fazer é buscar ideias para criação desse novo projeto e, com isso, não tem como dizer que a criatividade é fundamental para a geração dessas ideias, pois, sem a criatividade, as ideias não surgirão. Uma pessoa criativa tem a capacidade de identificar lacunas no mercado, problemas não resolvidos e encontrar oportunidades únicas. Ela pensa "fora da caixa", explora diferentes perspectivas e consegue enxergar possibilidades onde outros podem ver apenas obstáculos. E você, como se identifica?

Eu tenho certeza de que você já teve muitas ideias e não colocou no papel. Depois de certo tempo, outra pessoa acabou realizando aquilo que você havia pensado. É um cenário comum em que muitas ideias ficam apenas na mente e não são colocadas em prática. Quando percebemos, outras pessoas acabam realizando o que havíamos pensado. Isso destaca a importância de cultivar coragem e determinação em nossa jornada profissional. É como aquela velha história popular do cemitério, onde se diz que está cheio de ideias enterradas, de pessoas que não realizaram seus projetos e acabaram sepultando seus maiores sonhos.

Ser criativo também está relacionado a ser um diferencial nos seus negócios. Quando você traz novas ideias para seu negócio e abordagens para o mercado, quem é criativo consegue se destacar da concorrência. Esses profissionais criam produtos e serviços únicos, desenvolvem novos modelos de negócios e encontram maneiras inovadoras de atender às necessidades dos clientes. Quem nunca pagou caro por algo só porque era criativo? Eu mesma já cansei de comprar algo que eu poderia ter comprado mais barato em outro lugar, mas por causa da criatividade do vendedor ou da empresa, me chamou mais atenção.

A história dos irmãos McDonald é fascinante de como uma ideia simples, porém criativa, somada à ação determinada, pode transformar um pequeno restaurante em uma das maiores franquias de *fast food* do mundo.

Em 1940, os irmãos McDonald abriram um pequeno restaurante chamado "McDonald's Bar-B-Q" em San Bernardino, na Califórnia, EUA. Inicialmente, o restaurante oferecia um cardápio variado, incluindo hambúrgueres, churrasco e pratos típicos do *drive-in* da época. Mas eles logo perceberam que a maior parte de suas vendas era dos hambúrgueres.

A grande virada na história dos McDonald ocorreu em 1948, quando os irmãos decidiram fazer uma mudança radical em seu modelo de negócios. Eles simplificaram o cardápio, focando exclusivamente em hambúrgueres, batatas fritas, *milk shakes* e refrigerantes. Introduziram o conceito de "serviço rápido", no qual os clientes faziam seus pedidos no balcão e recebiam a comida em minutos, sem necessidade de garçons.

Essa abordagem inovadora levou ao renascimento do restaurante como o primeiro "McDonald's" como o conhecemos hoje. A simplicidade do menu e a rapidez no atendimento foram características-chave que atraíram os clientes, e o sucesso foi imediato.

Se você quiser o crescimento do seu negócio ou da sua empresa, precisa, sim, ter a capacidade de inovar e se diferenciar. Por esse motivo, quem quer ser um diferencial não pode parar de estudar, de aprender e se desenvolver, não só na parte profissional, mas na parte pessoal também.

Como apresentar uma inovação se não conhecer o que está acontecendo no mercado atual? Ficar estagnado somente no que você sabe não vai resolver problemas, também não gerará novas ideias. O mundo atualiza a cada minuto. Todos os dias nos deparamos com coisas novas, por esse motivo não deixe de ficar antenado a tudo que acontece.

O empreendedorismo é um terreno fértil para problemas e desafios. Quando você é criativo, conseguirá encontrar soluções para os problemas que surgem ao longo do caminho, pensar em alternativas criativas, encontrar oportunidades em momentos complicados e estressantes e adaptar-se ao novo que vem por aí.

Antecipar-se aos possíveis problemas também faz parte da jornada de um empreendedor criativo. Ao buscar uma solução, é importante listar todas as objeções que possam surgir diante das oportunidades que pretende oferecer. É como se estivesse preparando um mapa com várias situações que podem surgir no caminho e, com essas situações, as soluções para cada uma delas.

"Não é sobre ideias.
É sobre fazer as ideias acontecerem."
Scott Belsky

Como cultivar a criatividade no empreendedorismo

Agora que entendemos a importância da criatividade no empreendedorismo, vai precisar saber como cultivá-la e incorporá-la ao processo de trabalho. Aqui estão algumas estratégias que eu separei para desenvolver e estimular a criatividade como empreendedor.

1. Exercite a mente

Assim como o corpo precisa de exercícios para se manter saudável, a mente também precisa de estímulos para se manter criativa. Existem diversas atividades que promovem o pensamento divergente, como jogos de palavras, quebra-cabeças e sessões de *brainstorming*. Pode até parecer algo simples, mas a verdade é que, imersos nesse mundo digital, acabamos por negligenciar o treino da nossa mente. Lembra-se de quando decorávamos os números de telefone? Hoje, se nos perguntam um número, é provável que tenhamos que recorrer à lista de contatos do celular. Além disso, reservar um tempo para a leitura, explorar diferentes áreas de conhecimento e manter-se atualizado sobre as tendências do mercado também são formas importantes de estimular a criatividade e manter a mente afiada.

Como já disse neste livro, não deixe de aprender, estudar e conhecer novos métodos que estão sendo aplicados no mercado atual.

2. Estimule a colaboração

Busque parcerias e *networking* com outras pessoas empreendedoras, participando de eventos, *workshops* e grupos de discussão. Trocar ideias, compartilhar experiências e ouvir diferentes perspectivas podem desencadear novos *insights* criativos.

Conhecer pessoas de diferentes nichos e que possam contribuir de alguma forma para seu desenvolvimento é uma maneira criativa de sair um pouco da sua zona de conforto. Ao nos relacionarmos com indivíduos diversos e entendermos como eles trabalham e se destacam no mercado, podemos obter *insights* valiosos para o nosso crescimento. É comum encontrarmos pessoas que têm resistência em conhecer novas pessoas ou explorar novos ambientes. Muitas delas desejam alcançar determinados objetivos, mas não se esforçam para estabelecer conexões ou estar próximas de outras pessoas que possam ajudá-las a crescer ainda mais.

3. Esteja em um ambiente inspirador

O ambiente em que você trabalha pode ter um impacto significativo na sua criatividade. Existem até ferramentas de gestão e análise comportamental que mostram o quanto o ambiente de trabalho pode interferir no desenvolvimento das pessoas. Existem empresas aderindo ao estudo de ambientes, pelo fato deles auxiliarem no resultado positivo ou negativo dos colaboradores.

Perceba qual é o tipo de ambiente que te faz feliz, não tem problema se prefere um ambiente mais agitado ou se prefere um ambiente mais tranquilo, o importante é que o ambiente seja agradável e que consiga ser produtivo nele. Crie um espaço de trabalho inspirador, organizado e livre de distrações. Decore-o com elementos que estimulem sua imaginação e criatividade, como cores vibrantes, obras de arte ou objetos que despertem sua curiosidade.

Esteja em um ambiente que te fortaleça e, se algo te atrapalha, busque eliminar.

4. Permita-se novas experiências

Quando você se abre para novas experiências, está estimulando sua criatividade. Saia da sua zona de conforto e experimente coisas diferentes. Viaje, participe de eventos culturais, conheça pessoas de diferentes origens e culturas. Essas experiências vão ampliar seus horizontes e proporcionar *insights* criativos para seu empreendimento. Atualmente, muitos nichos estão promovendo eventos específicos, como é o caso do mercado em que atuo diretamente: todo mês há um evento em uma cidade diferente, sou convidada para diversas palestras e encontros de *networking*, geralmente reunindo mais de 600 pessoas. Essa dinâmica não se restringe apenas ao meu nicho de mercado; tenho certeza de que, em qualquer outro nicho, você encontrará eventos relevantes para participar.

E tudo isso não precisa estar limitado ao seu tipo de negócio. Quanto mais conhece a diversidade que existe no mercado, mais curioso se torna e mais ideias vão surgindo.

5. Pratique o pensamento lateral

É uma abordagem essencial para a resolução de problemas criativos. O pensamento lateral é como abrir uma janela para novas possibilidades. Ele nos convida para explorar caminhos inusitados, a buscar soluções diferentes. É como aquela sensação de descoberta quando você percebe que há mais de uma maneira de enxergar as coisas.

Imagine-se diante de um desafio. O pensamento linear pode te levar por um caminho já conhecido, mas o pensamento lateral é como um convite para uma aventura. Ele te incentiva a questionar, a experimentar, a pensar de maneira diferente.

Quando praticar o pensamento lateral, está se permitindo ser curioso, criativo e, acima de tudo, humano. É como explorar um mundo de possibilidades, em que cada ideia é uma descoberta e cada solução é uma vitória.

Então, da próxima vez que se encontrar diante de um problema, não tenha medo de explorar o poder do pensamento lateral. Deixe sua mente viajar, experimente novas ideias e confie na sua capacidade de encontrar soluções únicas e criativas. Com o pensamento lateral como seu aliado, estará preparado para enfrentar qualquer desafio com coragem, originalidade e uma pitada de humanidade.

A vantagem competitiva da criatividade

Agora que entendemos o valor da criatividade no mundo dos negócios e como podemos cultivá-la, vamos falar sobre algo importante: a vantagem competitiva e o impacto que ela pode ter no seu empreendimento. Quando abraça a criatividade, algo mágico acontece: você se destaca da multidão, cria uma identidade própria e captura a atenção dos clientes. De repente, deixa de ser apenas mais um na multidão e passa a ser reconhecido como aquele que ousou fazer as coisas de forma diferente. Afinal de contas, qual o cliente que não gosta de uma inovação?

A criatividade é algo que pode realmente transformar o jeito como oferece seus produtos e serviços. Ela te ajuda a pensar diferente, a criar estratégias de *marketing* que realmente chamam a atenção e a construir uma marca que é autenticamente sua. No mundo digital atual, ser criativo é fundamental para se destacar nas redes sociais, para criar conteúdo que realmente conecta com as pessoas e para estabelecer laços emocionais com seu público.

Sem dúvida, a criatividade é o que impulsiona a inovação, o que te faz se destacar da multidão e o que te ajuda a resolver problemas de uma forma única.

Ah, e não se esqueça das dicas que compartilhei neste capítulo. Exercitar a mente, buscar colaborações, criar um ambiente inspirador, experimentar coisas novas e praticar o pensamento lateral são coisas que pode fazer para desenvolver ainda mais sua criatividade. É uma habilidade que cresce com o tempo, então não se preocupe em dominá-la de uma vez. Vá devagar e com certeza conquistará seu espaço nesse mundo tão competitivo.

Então, se você é um empreendedor atual ou sonha em ser um, não deixe de usar o poder da criatividade para impulsionar o crescimento do seu negócio. Se levar a sério essa abordagem criativa, estará no caminho certo para o sucesso.

SINTETIZANDO AS IDEIAS...

Não sei se já parou para se perguntar: qual é o papel fundamental que a criatividade desempenha no empreendedorismo e como ela pode impulsionar o crescimento e a inovação nos negócios? Embora muitas pessoas pensem que ser criativo é ser diferente, afirmo que a criatividade é a capacidade de pensar de forma original, conectar ideias aparentemente desconexas e encontrar soluções inovadoras para problemas complexos. Muitas vezes, quando uma ideia surge, a maioria das pessoas não acredita que pode dar certo, não coloca no papel e não busca realizar seus projetos, devido a crenças que as limitam, ou até mesmo à falta de acreditar em si mesmas. Quando você traz novas ideias para seu negócio e abordagens para o mercado, quem é criativo consegue se destacar da concorrência.

Ficar estagnado somente no que sabe não vai resolver problemas e não gerará novas ideias. O mundo atualiza a cada minuto. Todos os dias nos deparamos com coisas novas. Por esse motivo, não deixe de ficar antenado a tudo que acontece. Conhecer pessoas de diferentes nichos e que possam contribuir com seu desenvolvimento é uma maneira criativa de sair um pouco da sua zona de conforto. Quando conhecemos pessoas diferentes e entendemos como elas trabalham e se fortalecem diante do mercado, traz *insights* importantes para nosso crescimento. E tudo isso não precisa ser somente do seu tipo de negócios. Quanto mais conhece a diversidade que existe no mercado, mais curioso fica e mais ideias surgirão.

Agora que já sabemos da importância da criatividade no empreendedorismo e como cultivá-la, é necessário falarmos sobre a vantagem competitiva, e o que ela pode trazer para seu negócio. Portanto, você como um atual ou futuro empreendedor, aproveite o poder da criatividade para impulsionar o crescimento do seu negócio, enfrentar desafios e encontrar oportunidades únicas.

EM AÇÃO...

Todos podemos ser criativos, o que precisamos é de um bom planejamento e aprimorar nossos conhecimentos.

A partir de agora, você precisa estar alinhado com sua criatividade, precisa despertá-la e agir.

Então, me diz:

1 - O que fará a partir de hoje em relação à sua criatividade?

____

____

____

2 - Conte algo que realizou e que, na sua opinião, foi muito criativo?

____

____

____

3 - Cite 3 pessoas que considera criativas e o motivo que as considera assim.

Pessoa 01: ______________________________________

Motivo: ____

____

____

Pessoa 02: ______________________________

Motivo: ______________________________

____

____

Pessoa 03: ______________________________

Motivo: ______________________________

____

____

"A criatividade é pensar coisas novas.
A inovação é fazer coisas novas."

Theodore Levitt

CAPÍTULO 05

Sophia Martins

Construindo uma mentalidade empreendedora

Sophia Martins

Empreender não é apenas abrir um negócio ou inovar algo que já está em andamento, é uma mentalidade que molda a forma como abordamos os desafios, buscamos oportunidades e criamos valor no mundo. Só alcança o sucesso, quem entende o tamanho do poder de ter uma mentalidade empreendedora e como ela pode abrir caminho para o sucesso.

Essa mentalidade a que me refiro, considerada acima da média, é fundamental para alcançar o sucesso tanto na área profissional como para toda a vida. Essa concepção envolve uma forma de pensar que valoriza a criatividade, a iniciativa e a busca por oportunidades.

Você deve ler ou ouvir de pessoas que estão conectadas à nova era que precisa ir rápido com suas ideias e seus negócios, pois muitas coisas novas estão surgindo o tempo todo, e ter uma mentalidade empreendedora pode ser um diferencial. Para ter uma mentalidade assim, terá que ser uma pessoa proativa, que pensa nas soluções dos problemas, que busca conhecimento o tempo todo e adora aproveitar as oportunidades.

Sophia, na sua opinião, o que é uma mentalidade empreendedora? Eu vejo como uma forma de pensar e agir que valoriza a inovação, a tomada de riscos calculados, a resiliência, a capacidade de aprender com os fracassos e a habilidade de se adaptar quando surge qualquer tipo de imprevisto. É um estado de espírito que busca novas maneiras de criar valor, resolver problemas e encontrar novas formas de solucionar conflitos.

Conforme fui tocando meus negócios, percebi algo incrível sobre desenvolver uma mentalidade empreendedora: uma série de benefícios. Um deles é a capacidade de enxergar oportunidades onde muitos só veem problemas. Quantas vezes nos deparamos com um desafio e, ao compartilhá-lo com alguém, essa pessoa nos apresenta uma solução? Não é uma questão de ser pessimista, mas sim de treinar nossa mente para focar no lado positivo das coisas. E acredite, você é capaz disso. Mesmo que no início pareça difícil, com o tempo, sua positividade vai crescendo, e encontrar soluções se torna cada vez mais natural do que focar nos problemas.

E para construir essa mentalidade empreendedora que tanto estou falando por aqui, requer prática e esforço contínuos.

"Quando você achar que pode
ou que não pode, você está certo."

Henry Ford

Vou deixar algumas estratégias que tive que desenvolver para minha mentalidade, tenho certeza de que funcionará para você também.

Primeira estratégia: defina os objetivos claros e ambiciosos

Sem metas claras, é difícil desenvolver uma mentalidade empreendedora. Não basta apenas ter uma meta clara, ela precisa ser desafiadora. Isso é importante para direcionar sua energia e esforços na direção certa, motivando a buscar soluções e superar obstáculos ao longo do caminho. É como se tivesse um mapa do tesouro, sabendo aonde quer chegar, qual o tamanho de seu objetivo e as coisas que deseja conquistar.

Segunda estratégia: desenvolva habilidades de resolução de problemas

Investir tempo, reservar um momento e organizar-se para aprimorar esta habilidade é fundamental. Explore diferentes abordagens, busque orientação de pessoas que já enfrentaram desafios semelhantes para ajudá-lo a superar as dificuldades que surgirem. Aprenda não apenas com as próprias experiências, mas também com as experiências de mentores experientes, busque soluções eficazes para os obstáculos que encontrar. A capacidade de resolver problemas é essencial para qualquer empreendedor.

Terceira estratégia: seja persistente e não pare de aprender nunca

Você não tem ideia do quanto já estudei em toda minha vida até hoje, quantos cursos e formações me dediquei para chegar onde estou hoje. E vou confessar que não parei e não quero parar; tem muita coisa para aprender todos os dias.

Mas não é somente aprender, também é necessário colocar o aprendizado em prática. Conheço muitas pessoas que passam a vida aprendendo, estudando e nunca se sentem preparadas para colocar as habilidades em prática. Infelizmente, a vida vai passar rápido, o mundo vai evoluir, e essas pessoas ficarão no mesmo lugar.

Diante de tudo isso, não desista quando encontrar obstáculos; todo empreendedor passa por desafios. Em vez disso, veja cada desafio como uma oportunidade para aprender e crescer mais. Busque conhecimento, esteja aberto a novas ideias e seja adaptável às mudanças do mercado. Sempre que puder, aprenda algo novo e aplique na vida pessoal e profissional. Quanto mais aprendizado, mais fácil será passar pelos obstáculos.

Quarta estratégia: tenha flexibilidade e adapte rápido

Seja como um camaleão nesse mercado, aquele que facilmente se adapta aos locais por onde passa. O camaleão, é claro, faz isso para se defender, mas não deixa de ser uma habilidade incrível. Esteja sempre disposto a ajustar sua abordagem, seja aberto a experimentar novas estratégias e técnicas. Mantenha-se atento às mudanças nas necessidades dos clientes e no ambiente de negócios, esteja pronto para se adaptar às novidades que surgirem. Tudo isso você conquista realizando o item acima, o aprendizado contínuo. Quanto mais se mantiver flexível e adaptável, mais preparado estará para enfrentar os desafios e prosperar no mercado em constante mudança.

Quinta estratégia: construa uma rede de contatos

Este é um recurso valioso para qualquer empreendedor. Se procurar em minha agenda telefônica hoje, vai encontrar uma rede de contatos riquíssima, pois acredito muito na construção de pessoas que possam agregar à vida pessoal e profissional. Mas a mágica está em construir relacionamentos com pessoas que possam apoiá-lo, fornecer orientação e oportunidades de negócios.

Não estou falando de qualquer rede de contatos, precisa ser algo intencional. Participe de eventos do setor, grupos de *networking* e faça uso das plataformas de mídia social para expandir sua rede. Esteja presente em eventos que possam falar de seu negócio, ofereça brindes, presentes e oportunidades para que as pessoas possam ter uma experiência com seu negócio, antes mesmo de comprar.

Sexta estratégia: aprenda a lidar com o medo do fracasso

Quem é que nunca teve medo de fracassar, não é mesmo? Quem nunca se viu diante de um desafio e pensou: e se não der certo? O medo do fracasso é um obstáculo comum para muitas pessoas. Já me deparei com algumas que deixaram de realizar projetos por causa desse medo. Se quiser construir uma mentalidade empreendedora, precisará superá-lo e abraçar os riscos. Todo sucesso passa pela experiência do fracasso, e é com os aprendizados dessas experiências que crescemos.

Quem não fracassa não aprende na verdade. No meu ponto de vista, quem não fracassa é porque não faz nada mesmo. Os fracassos são oportunidades de aprendizado e crescimento; cada obstáculo superado o aproxima mais do sucesso. Aprendemos com cada erro, imprescindível para que continuemos nos acertos.

Quem nunca fracassou, não aprendeu a superar desafios, não sabe o que é dar a "volta por cima", jamais teve o gosto de saber qual o caminho que não deve repetir. Os maiores empreendedores são aqueles que se dispuseram a continuar, mesmo depois de um grande fracasso.

Sétima estratégia: assuma os riscos calculados

Isso significa que deve avaliar cuidadosamente os possíveis riscos e resultados e tomar decisões informadas. Embora seja importante ter cautela, lembre-se de que grandes conquistas muitas vezes exigem correr riscos. Quando nos colocamos para empreender, tudo precisa ser minuciosamente planejado, calculado, mesmo que tenha erros depois, mas não deixe de planejar. Após isso, dá para prever possíveis erros. Assim, fica mais leve assumir qualquer situação e continuar na jornada, sem que tenha grandes prejuízos.

Oitava estratégia: reconheça a importância do planejamento

Guarde esta informação: não dá para fazer nada nesta vida, desde as coisas mais simples até as mais complicadas, se não souber se planejar. Não existe empreendedor que tenha tido sucesso sem ter se planejado.

Se ainda não parou para pensar a respeito disso, comece a desenvolver o hábito de criar pequenos planos claros e realistas para alcançar seus objetivos. Um plano bem elaborado ajuda a direcionar seus esforços; com planejamento em mãos, dá para identificar recursos necessários e acompanhar o progresso.

SINTETIZANDO AS IDEIAS...

Empreender não é apenas abrir um negócio ou inovar algo que já está em andamento, é uma mentalidade que molda a forma como abordamos os desafios, buscamos oportunidades e criamos valor no mundo. Só alcança o sucesso quem entende o tamanho do poder de ter uma mentalidade empreendedora e como ela pode abrir caminho para o sucesso.

Você deve ler ou ouvir de pessoas que estão conectadas à nova era que o mundo está em constante evolução nos negócios, e ter uma mentalidade empreendedora pode ser um diferencial. Essa mentalidade é caracterizada por uma abordagem proativa e orientada para soluções, que busca constantemente identificar e aproveitar oportunidades. É uma forma de pensar e agir que valoriza a inovação, a tomada de riscos calculados, a resiliência, a capacidade de aprender com os fracassos e a habilidade de se adaptar rapidamente às mudanças. Além disso, uma mentalidade empreendedora fortalece a sua resiliência e capacidade de lidar com os desafios, ajudando-o a superar obstáculos com mais facilidade.

Aprenda não só com suas experiências, mas com experiências de grandes mentores e busque soluções eficazes para os problemas que encontrar. Tudo precisa ser minuciosamente planejado, calculado, mesmo que tenha erros depois, mas não deixe de planejar. Tenha um processo contínuo de aprendizado, crescimento e desenvolvimento pessoal.

EM AÇÃO...

No capítulo 05, vimos a importância de termos uma mentalidade empreendedora, aprendemos que tudo está ligado à maneira como você pensa.

1 - Analisando o que foi dito acima, escreva, de coração aberto, como está sua mentalidade comparada ao texto?

2 - Para ter uma mentalidade empreendedora, é necessário que aprenda a lidar com o fracasso. Como é sua aceitação quando algo ruim acontece?

3 - Em relação a superar obstáculos, qual o tamanho de sua força de vontade quando aparece um grande obstáculo diante da sua vida?

"Os fracassos são
oportunidades de aprendizado
e crescimento; cada obstáculo
superado aproxima-o
mais do sucesso."

Sophia Martins

O empreendedorismo na visão de Mariana Menezes: mulher que empreende

Pelas experiências e perspectivas únicas, as mulheres empreendedoras estão introduzindo novos produtos, serviços e modelos de negócios, além de soluções elegantes para os complexos quebra-cabeças sociais e ambientais. Esse ímpeto inovador não é somente um motor para o crescimento econômico, é um reforço concreto do impacto feminino no mundo dos negócios.

Não se trata apenas de uma transformação do mercado, é uma nova concepção do próprio significado de liderança dentro da sociedade. Com posturas firmes, porém não rígidas, as mulheres empreendedoras, a quem tanto admiro, defendem visões com uma convicção e assertividade que não excluem a empatia e a flexibilidade.

Essa dança entre firmeza e sensibilidade torna possível a realização de aspirações e a obtenção de resultados significativos. Essa habilidade de liderança capacita a enfrentar desafios e tomar decisões ponderadas, pavimentando o caminho para o crescimento e sucesso sustentável dos empreendimentos.

Nós, mulheres empreendedoras, frequentemente nos encontramos equilibrando a balança delicada entre o pessoal e o profissional. A destreza com a qual gerenciamos múltiplos compromissos e responsabilidades não é apenas uma prova de nossa resiliente adaptabilidade, somente um testemunho da nossa intrínseca habilidade de prosperar sob as demandas multifacetadas do mercado.

Escolher ser uma mulher empreendedora transcende a mera seleção de uma carreira, é assumir a responsabilidade de deixar um legado, de causar um impacto e de forjar um caminho de sucesso, que é tão único quanto inspirador. É abraçar uma jornada que, embora repleta de desafios, é carregada de oportunidades enriquecedoras que nos impulsionam em direção a nossas ambições.

Quando observamos mulheres como Sophia, reconhecemos a tenacidade, a resolução e a postura inabalável que são a marca registrada das empreendedoras de sucesso. Sophia, com sua habilidade de confrontar a adversidade com graça e inovação, de encarar os desafios do mundo dos negócios com bravura e convicção, simboliza a essência da liderança feminina.

A sua capacidade de liderança é uma vantagem indiscutível, com uma postura forte e firme, é capaz de guiar equipes, tomar decisões difíceis e conduzir negócios rumo ao sucesso. A habilidade de inspirar e motivar aqueles que estão ao seu redor é uma qualidade essencial que conheci em Sophia.

Falando sobre capacidades e competências, deixo aqui em detalhes as que considero essenciais em uma mulher que empreende:

- Confiança profunda nas próprias habilidades;
- Disciplina inabalável para superar obstáculos e atingir metas;
- Resiliência para aprender com os contratempos e avançar com vigor renovado;
- Sabedoria para solicitar ajuda e apoio quando necessário;

- Visão estratégica para transformar aspirações em realidade tangível;
- Flexibilidade para se adaptar às mudanças;
- Liderança inspiradora que motiva e orienta, mesmo diante de decisões difíceis;
- Criatividade e inovação contínua na busca por soluções e oportunidades;
- Eficiência na resolução de problemas e crises;
- Empatia com todos os seres envolvidos em cada processo.

Mariana Menezes
Sócia e diretora de *branding* da
Capital Concreto Incorporadora.
Mãe da Lara.
Graduada em Publicidade e Propaganda e
pós-graduada em Administração e Neurociência.

CAPÍTULO 06

Sophia Martins

A importância da tomada de decisão estratégica no empreendedorismo

Sophia Martins

Quer empreender e ter sucesso? Então, preste atenção no que tenho de orientação e vou deixar aqui para você.

Tomada de decisão estratégica é um assunto que envolve a avaliação cuidadosa de múltiplas variáveis. Precisamos analisar os riscos e as oportunidades, também formular estratégias de longo prazo para alcançar os objetivos do negócio.

Eu conheço empreendedores que enfrentam diariamente desafios complexos que exigem decisões rápidas e precisas. Por isso, fiz questão de escrever este capítulo com orientações necessárias para tomar as melhores decisões estratégicas, independentemente de sua área de atuação.

A tomada de decisão estratégica é um dos principais impulsionadores do sucesso para todos que estão em busca constante de desenvolvimento de qualquer tipo de empreendimento empresarial. Todos que possuem a habilidade de tomar decisões estratégicas conseguem estar à frente de outros profissionais, identificar oportunidades de crescimento e gerenciar os riscos envolvidos em todo ambiente empresarial e nos negócios em geral.

Você já parou para analisar seu ambiente externo, ou seja, o que acontece com outras empresas como a sua? Ou outros negócios como o seu? Ao fazer isso, antecipará possíveis falhas que poderiam acontecer como perceber tendências emergentes, necessidades do cliente e mudanças regulatórias que possam afetar seu mercado, seu serviço, suas ideias e todo o seu setor.

Para definir qual é a melhor atitude a se tomar sobre sua empresa, precisa conhecer o caminho que vai percorrer. Isso só acontece com estratégias muito bem definidas. Dentro do mercado, isso não é diferente. Se não reconhecer as oportunidades e ameaças, dificilmente terá sucesso na sua carreira.

Vou deixar aqui 4 atitudes que impactam nossos negócios e que, se não estiver atento, não saberá como conduzir seus projetos de maneira adequada e organizada.

A barganha dos nossos fornecedores

Aqui, devemos analisar como está a relação com nossos principais fornecedores e o quão dependentes somos do serviço deles. Pense em todas as pessoas que prestam serviços: Como é a relação de poder entre vocês? O quanto tem de flexibilidade com todos eles? O quanto você precisa de todos eles?

Poder de barganha dos clientes

Aqui, representa a capacidade de barganha que o consumidor tem em relação às empresas. Sabemos que os consumidores estão cada vez mais conscientes, entendedores e exigindo produtos e serviços de qualidade com uma boa reputação das empresas. Você precisa pensar em estratégias que, além de focar no produto ou no serviço, valorizem o relacionamento com o cliente, colocando-o no centro das decisões.

Com a ascensão do mundo digital, os clientes têm acesso a qualquer informação, conseguem pesquisar produtos e serviços, aumentando o poder de negociação. Então, pense de que maneira pode se diferenciar para que o cliente reconheça o potencial da sua empresa.

Entrada de novos concorrentes

Quantos concorrentes diretos e indiretos você tem? Já fez as contas? Conhece todos eles? Os diretos são aqueles que oferecem a mesma coisa que você, e os indiretos são aqueles que oferecem coisas semelhantes e que podem ser substituídos, caso não consigam comprar seu produto.

A chegada de novos negócios no mesmo segmento em que atua pode colocar uma pressão nos custos, preços e margens de lucro. É muito bom estar atento para quando novos negócios chegarem. Em vez de correr riscos, terá estratégias para se diferenciar.

Dessa forma, é bom que tenha estratégias bem definidas para proteger sua empresa ou seu negócio, buscando formas de permanecer relevante no mercado.

Lançamentos de novos produtos

Assim como nós, nossos concorrentes também estão sempre em busca de inovação, pois podem desenvolver produtos ou serviços para substituir algo já existente.

Não precisa ser necessariamente um produto igual ao seu, mas algo que consiga atender às necessidades dos clientes, o que pode fazer com que sua organização perca espaço no mercado se não souber como agir no momento certo.

Por isso, é interessante fazer um mapeamento de seus concorrentes e entender quais deles oferecem produtos que possuem as mesmas vantagens que o seu e investir sob essa análise. Nesse caso, ter uma mente empreendedora fará toda a diferença na hora de colocar a criatividade para trabalhar.

Como alcançar vantagem competitiva?

Quando compreendemos a tomada de decisões estratégicas, conseguimos desenvolver essa vantagem de maneira intencional, porém saudável. Isso significa que todas as decisões que tomamos serão conscientes e com a intenção de alcançar o resultado desejado.

Dessa forma, conseguimos avaliar nossas capacidades e competências, bem como as de nossos concorrentes. Em seguida, identificamos áreas em que nos destacamos e criamos estratégias que nos coloquem à frente no mercado. Essa vantagem competitiva pode ser alcançada por meio da inovação, eficiência operacional, qualidade do produto ou serviço, entre outros fatores que contribuem para nosso desenvolvimento.

Se estiver inserido no mercado, sabe que o ambiente empresarial está cheio de incertezas e riscos. Dessa forma, ter conhecimento sobre a tomada de decisão estratégica faz com que passe por cima de todos esses desafios e alcance o lugar que deseja.

"Você é o mestre do seu destino.
Você pode influenciar, direcionar e controlar
seu próprio ambiente. Você pode fazer
da sua vida o que quer que seja."
Napoleon Hill

Quais são os processos de tomada de decisão estratégica que precisa saber?

A primeira coisa que precisa saber é que, para ser um excelente empreendedor, é necessário ser um especialista em tomada de decisão estratégica. Desde que entrei no mundo dos negócios como empreendedora, me deparei com alguns passos que fazem todo sentido na construção de um processo de planejamento para tomadas de decisões intencionais.

A cada situação em que me vi, a cada passo que precisei dar e a cada decisão a ser tomada, percebi que havia um jeito certo para que, no final de todo o processo, tudo se encaixasse da maneira que eu precisasse.

Quando iniciamos um negócio ou estamos envolvidos em uma empresa, todo o planejamento visa garantir que, no final, as coisas ocorram conforme o esperado. O que quero dizer com isso? Ao estabelecer uma meta, desejamos alcançar um resultado específico, por isso cada ação é realizada com base nessa meta, exigindo um planejamento estratégico com tomadas de decisões adequadas.

No entanto, o que acontece, inclusive em grandes empresas, é a dificuldade de organizar todo o planejamento de forma que todas as decisões estejam alinhadas com o resultado desejado. Foi assim que criei passos para garantir que minhas metas tenham um desfecho bem-sucedido.

Veja o que fiz.

1. Uma análise minuciosa do ambiente

O primeiro passo é realizar uma análise do ambiente. Aqui, compreendi o cenário no qual a empresa está inserida, considerando tanto fatores internos quanto externos. Para realizar uma análise interna alinhada com a meta que estava buscando, avaliei todos os recursos, competências e capacidades da organização. Na análise externa, identifiquei as ameaças e oportunidades presentes no mercado.

Na análise interna, é essencial realizar uma avaliação detalhada de todos os recursos da empresa, como capital financeiro, recursos humanos, tecnologia, autoridade e posicionamento. Também verificar as competências distintivas da organização, aquelas que a diferenciam dos concorrentes e podem ser uma vantagem no mercado. Sabe aquele diferencial que sua empresa tem e que mais ninguém possui? Isso deve ser levado em consideração.

A avaliação interna ajuda a empresa a identificar pontos fortes e pontos fracos, permitindo fortalecer ainda mais os pontos fortes e iniciar o desenvolvimento para superar as fraquezas. A análise externa compreende o ambiente de negócios no qual a empresa está inserida, as tendências de mercado, o comportamento dos consumidores, as mudanças regulatórias e a concorrência. Ao identificar as oportunidades emergentes e todas as potenciais ameaças, é possível ajustar a estratégia para se adaptar ao ambiente externo.

2. Definição de quais eram as metas e os objetivos

Após a análise do ambiente, organizar as metas e os objetivos de forma clara para a empresa. Essas metas devem ser específicas, mensuráveis, alcançáveis, relevantes e com prazo determinado (conhecidas como metas SMART). Vou deixar no próximo capítulo a ferramenta, que fornece direção para orientar o processo de tomada de decisão estratégica e ajuda a alinhar as ações da organização com uma visão de longo prazo.

Depois da definição das metas e dos objetivos, é importante considerar os resultados da análise do ambiente que foi feita no primeiro passo. As metas devem ser realistas e factíveis com base nas informações obtidas anteriormente. Além disso, devem ser aspiracionais o suficiente para impulsionar o crescimento e a inovação da empresa. Depois de estabelecer metas desafiadoras, chegou a hora de motivar a equipe a buscar estratégias mais eficazes para alcançá-las.

3. Identificação de alternativas estratégicas

Metas definidas. O próximo passo é identificar quais são as alternativas estratégicas viáveis. Isso significa que é importante olhar para diferentes opções e caminhos que a organização pode seguir para alcançar essas metas. Nessa fase, conversar com a equipe, fazer um *brainstorm* para trocar informações e entender o ponto de vista de todos é fundamental.

É preciso considerar a ampla gama de alternativas e avaliar pontos fortes, fraquezas, oportunidades e ameaças antes de tomar a decisão. Todas as contribuições da equipe são válidas; nenhuma ideia deve ser descartada, mesmo aquelas que, à primeira vista, não parecem viáveis.

Durante essa etapa, utilizei ferramentas e técnicas como a análise SWOT (forças, fraquezas, oportunidades e ameaças), análise de cenários e *benchmarking*. A análise SWOT ajuda a identificar os pontos fortes e fracos internos da empresa, bem como as oportunidades e ameaças externas. Já a análise de cenários permite explorar diferentes possibilidades futuras, considerando fatores incertos ou imprevisíveis. O *benchmarking* também é bastante útil, envolvendo a comparação da empresa com os concorrentes ou com as melhores práticas do setor. Essa é uma parte que considero fundamental dentro da empresa e dos meus negócios. Até hoje faz parte da minha rotina de organização e planejamento.

4. Avaliação e seleção da melhor estratégia

Nessa etapa, depois de identificar todas as alternativas, chegou a hora de avaliar e selecionar a melhor estratégia a ser adotada. Prestei muita atenção em tudo que a equipe disse, assim como nas informações fornecidas pelo mercado e fiz uma análise criteriosa de cada opção, levando em consideração critérios como viabilidade financeira, impacto no mercado, recursos necessários e riscos envolvidos. A estratégia escolhida deve estar alinhada com as metas e objetivos estabelecidos anteriormente. Isso é fundamental.

Além disso, analisei o ambiente competitivo e as tendências de mercado para garantir que a estratégia escolhida seja relevante e capaz de gerar vantagem competitiva.

5. Momento da implementação da estratégia

Nessa etapa, chegou o momento de colocar tudo em prática. Isso envolve a alocação de recursos, a definição de responsabilidades e a elaboração de um plano de ação detalhado. Para executar o processo de maneira eficaz, é essencial monitorar constantemente o progresso, fazer ajustes quando necessário e lidar com obstáculos e desafios ao longo do caminho. Essa habilidade é crucial e foi abordada nos capítulos anteriores.

Durante toda a implementação da estratégia, foi fundamental garantir uma comunicação clara dos objetivos, das tarefas e das responsabilidades para todos os membros da equipe. Cada pessoa precisava compreender seu papel em cada etapa do processo. Para isso, estabeleci marcos e indicadores-chave de desempenho para medir o progresso e identificar áreas que precisavam de ajustes.

O meu conselho aqui é manter uma comunicação constante com cada membro da equipe, pois o comprometimento de todos é essencial para o sucesso do projeto. O desengajamento de um indivíduo pode impactar negativamente no resultado de toda a equipe.

6. Avaliação e controle

O processo de tomada de decisão estratégica não termina com a implementação da estratégia. Agora é a vez de avaliar regularmente o desempenho e controlar os resultados para garantir que a estratégia esteja funcionando conforme foi esperado e planejado. A análise de indicadores-chave de desempenho e o *feedback* dos clientes são essenciais para identificar áreas que precisam de ajustes e melhorias. Não se preocupe, quanto mais *feedbacks* acontecerem, melhor será para fazer os ajustes.

Eu percebi que a avaliação e o controle contínuos permitem que a empresa seja ágil e adapte sua estratégia de acordo com as mudanças do ambiente de negócios. Isso inclui a análise do retorno sobre o investimento (ROI), a satisfação do cliente, a participação de mercado e outros indicadores relevantes. Com base nesses dados, é possível tomar decisões informadas para ajustar ou revisar a estratégia atual.

Quero encerrar este capítulo enfatizando a necessidade de entendê-lo. Conheço muitas pessoas que querem melhorar seu posicionamento como empreendedor, mas que não levam em consideração toda a estratégia para decisões inteligentes.

Sempre considerei esses posicionamentos nos meus negócios; é uma prática que levo para todo projeto que inicio na minha carreira profissional.

Conheça o cliente final para a tomada de decisão estratégica

A maior fonte de aprendizagem em qualquer negócio, seja um empreendimento iniciante ou uma corporação estabelecida, reside na compreensão profunda do cliente final. Estudar o cliente não é apenas uma tarefa de coletar dados demográficos ou preferências de consumo, mas um exercício contínuo de empatia e análise. Quando nos aprofundamos nas dores, desejos e necessidades dos nossos clientes, abrimos as portas para inovações significativas e soluções verdadeiramente impactantes.

Entender o cliente final vai além de saber o que ele quer, trata-se de compreender o porquê desses desejos e como se encaixam no contexto maior de suas vidas. Isso implica escutar, coletar *feedbacks* honestos e estar disposto a observar além das primeiras impressões. Cada cliente traz consigo um universo de experiências, expectativas e problemas únicos. Ao identificar essas nuances, as empresas podem criar ofertas que não apenas resolvem problemas, como também entregam valor de forma consistente.

Esse processo de aprendizado contínuo sobre o cliente permite às empresas anteciparem tendências e adaptar-se às mudanças no comportamento do consumidor. Em um momento no qual a concorrência é feroz e a lealdade do cliente é volátil, aquelas que investem tempo e recursos para entender seu público-alvo são as que se destacam. Elas conseguem inovar de maneira relevante, ajustar estratégias rapidamente e comunicar-se de forma que ressoe com suas audiências.

A solução para os problemas dos clientes, portanto, começa com a compreensão desses problemas. Isso exige uma abordagem holística que considere todas as facetas da experiência do cliente. Desde o primeiro ponto de contato até o pós-venda, cada interação é uma oportunidade de aprender mais e aprimorar a oferta de produtos ou serviços.

O estudo aprofundado do cliente final não é apenas uma estratégia de negócios, é uma filosofia de inovação centrada no ser humano. As empresas que adotam essa filosofia alcançam o sucesso comercial, constroem relações duradouras com seus clientes, baseadas na confiança, no respeito e na compreensão mútua. Esse é o verdadeiro caminho para soluções significativas e impacto duradouro no mercado.

SINTETIZANDO AS IDEIAS...

Quando falamos sobre a tomada de decisão estratégica, esse assunto envolve a avaliação cuidadosa de múltiplas variáveis, a análise de riscos e oportunidades, também a formulação de estratégias de longo prazo para alcançar os objetivos do negócio.

Quando criamos a habilidade de tomar decisões estratégicas, conseguimos alcançar vantagens competitivas, identificar oportunidades de crescimento e gerenciar os riscos envolvidos em todo ambiente empresarial e nos negócios em geral.

Você já parou para analisar o ambiente externo, ou seja, o que acontece com outras empresas como a sua? Quando avalia capacidades e recursos, também de seus concorrentes, uma organização pode identificar áreas de diferenciação e criar estratégias que a coloquem à frente no mercado.

Essa avaliação interna ajudará a empresa a identificar pontos fortes e pontos fracos, fornecendo uma base sólida para a tomada de decisões estratégicas. Ela fornece uma direção para orientar o processo de tomada de decisão estratégica e ajuda a alinhar as ações da organização com a visão de longo prazo.

EM AÇÃO...

Sem tomada de decisão estratégica, dificilmente seu negócio dará certo.

1. Diante de tudo que leu neste capítulo, pontue de 0 a 10 como está a tomada de decisão estratégica? Em seguida, explique o valor atribuído.

____

____

____

____

2. O que considera importante desenvolver na sua carreira como empreendedor para que tenha uma tomada de decisão estratégica?

____

____

____

____

3. Sobre os processos de tomada de decisão estratégica, conhece algum empreendedor ou empresa que realiza o passo a passo? Cite o nome e por qual motivo acredita que essa pessoa consegue desenvolver esse passo a passo?

____

____

____

____

"Para definir qual é a melhor atitude a se tomar sobre sua empresa, você precisa conhecer o caminho que vai percorrer. Isso só acontece com estratégias muito bem definidas."

Sophia Martins

CAPÍTULO 07

Sophia Martins

Conquistando objetivos: utilizando o plano *smart* para estruturar metas

Sophia Martins

No capítulo anterior, discorri sobre as estratégias para tomada de decisões, e uma das estratégias é usar ferramentas que auxiliem na montagem desses planos de ação. Agora, vou comentar sobre essas ferramentas e como podem ajudar ao longo da caminhada como empreendedor de sucesso.

Este capítulo é um guia preparado para ajudar empreendedores e empresários a alcançarem seus objetivos de maneira estratégica e rápida, assim como faço na vida carreira.

Primeiramente, quero que entenda tudo sobre o conceito do Plano de Ação SMART e como ele pode ser aplicado em diversas áreas da vida, desde metas pessoais até as profissionais. É uma ferramenta que, inclusive, uso nas minhas definições de metas e faz muito sentido para minha vida profissional.

No mundo agitado em que vivemos, muitas vezes nos encontramos lutando para alcançar nossos objetivos, um posicionamento ou realizar nossos projetos. Sempre nos pegamos desejando alcançar certa meta, mas nos sentimos perdidos em relação a como chegaremos lá. É aí que entra o Plano de Ação SMART.

O Plano de Ação SMART é uma abordagem estruturada para a organização e realização de metas. A sigla em inglês representa *Specific* (Específico), *Measurable* (Mensurável), *Achievable* (Alcançável), *Relevant* (Relevante) e *Time-bound* (com prazo definido). Esses cinco elementos fundamentais fornecem uma estrutura clara e abrangente para o planejamento de metas, permitindo que as pessoas definam e acompanhem seu progresso de maneira sistemática.

Continue prestando bastante atenção neste capítulo, pois o meu objetivo é orientá-lo na implementação efetiva do Plano de Ação SMART em suas vidas.

Entendendo o Plano de Ação SMART

A primeira coisa que deve saber quando for usar o Plano de Ação SMART é sobre a definição de metas específicas.

Uma meta específica é aquela que é clara, precisa e direcionada. Ao estabelecer metas específicas, é essencial responder às perguntas:

O que exatamente desejo alcançar? Esse é o momento em que deve colocar no papel o que deseja alcançar e visualizar isso. Consegue enxergar, como se estivesse diante de uma tela de cinema, seu futuro?

____

____

____

____

Quais são os resultados específicos que espera obter? Quando conquistar sua meta, como deseja estar? Imagine o escritório, suas roupas, as viagens detalhadas, as pessoas com quem se relacionará. Consegue escrever isso para que suas ideias comecem a passar para o papel?

____

____

____

____

O que quer realmente? Agora, de maneira objetiva, escreva tudo detalhado sobre sua meta de forma específica.

____

____

____

____

Quanto mais detalhadas forem as respostas, mais claras serão as metas estabelecidas. Por exemplo, em vez de simplesmente dizer "quero melhorar minha saúde", uma meta específica seria "quero perder 5 quilos em três meses e reduzir o percentual de gordura corporal em 3%".

Outro exemplo, em vez de dizer "quero vender esse mês", a meta seria mais específica se falasse "eu quero vender R$ 100.000,00 do meu projeto esse mês".

Esse tipo de meta fornece um alvo claro e mensurável para trabalhar, tornando mais fácil direcionar os esforços para acompanhar o progresso.

Depois que definir quais são suas **metas específicas**, é hora de estabelecer **metas mensuráveis**, um dos aspectos-chave do Plano de Ação SMART. Uma meta mensurável é aquela que pode ser quantificada ou avaliada de alguma forma. A inclusão de critérios mensuráveis permite que acompanhe seu progresso e determine se está avançando em direção à conquista da meta.

Depois de definir metas mensuráveis, é importante estabelecer métricas para avaliar como anda o desenvolvimento de cada meta. Por exemplo: se seu objetivo é economizar dinheiro, pode estabelecer uma meta mensurável de economizar R$ 500 por mês durante um determinado tempo (seis meses). Isso permite que acompanhe e avalie seu progresso todos os meses e faça os ajustes, caso haja necessidade.

Escreva detalhadamente o que e como fará para conquistar sua meta. De que forma trabalhará? Quais pessoas farão parte do projeto? Vai precisar de apoio financeiro? Como começará? Coloque detalhes, tamanho, forma e cor em tudo que for mensurar a respeito de sua meta. Quanto mais característica sua meta tiver, melhor para ser visualizada.

A ideia aqui é como se estivesse contando seus sonhos e planos para alguém em uma conversa com um mentor, em uma troca de ideias. Dessa forma, conseguirá explanar melhor.

O próximo passo será criar metas alcançáveis. Você pode até estar pensando: mas não seria bom sonhar alto? Eu sei que é legal sonhar grande e estabelecer metas ambiciosas, mas do que adianta sonhar e não conseguir realizar? Temos que garantir que essas metas sejam alcançáveis.

Uma meta alcançável é aquela que está dentro de suas possibilidades e capacidades, sem falar nos recursos também, sempre levando em consideração que podem existir obstáculos.

Quando criamos metas alcançáveis, é preciso avaliar quais são nossas habilidades, os recursos que temos e o contexto em que estamos inseridos. O que precisa ser feito de verdade é nos certificarmos de que a meta seja realista, mesmo que tenhamos desafios, pois quando uma meta é inatingível, pode levar à frustração e isso vai deixá-lo desmotivado.

Agora que sabe que não basta sonhar, precisa ser capaz de realizar, de tudo que escreveu no parágrafo anterior, analise:

O que, com o recurso intelectual e financeiro que tem hoje, consegue realizar?

____

____

____

____

Do que terá que abrir mão, mencionado na sua descrição de metas, para começar hoje seus projetos?

____

____

____

____

Essa parte é muito importante, pois qualquer coisa que planeje e que não consiga realizar, pode te deixar bem chateado. Então, é necessário que seja realista nesse momento. Isso não significa que nunca conseguirá; pelo contrário, significa que fará uma coisa de cada vez para que consiga realizar todos os seus sonhos. Sabe aquela sensação de que está subindo etapas? Então, é uma etapa por vez.

Muitas pessoas, quando desenham a meta e percebem que não são capazes de realizar, desistem. Não é isso que quero, mas que comece com o que tem no momento.

Após organizarmos as metas alcançáveis, chega a vez de desenvolver metas relevantes. Uma meta relevante é aquela que está alinhada com seus valores, interesses e aspirações pessoais. Deve ser significativa, contribuir para seu crescimento e deixá-lo feliz e realizado. Quando estabelece metas relevantes, toda a energia e o foco está direcionado em algo que realmente importa.

Metas relevantes fazem sentido para a vida pessoal e profissional. Você tem prazer em realizá-la. Pergunte a si mesmo: Isso é importante para mim? Faz meu coração vibrar? Vou realizar meus projetos com essa meta?

Quando estabelecer suas metas relevantes, reflita sobre seus valores e o que é importante para você. Pergunte-se como essa meta se relaciona com sua visão de longo prazo e como pode trazer benefícios significativos para sua vida. Certifique-se de que a meta seja verdadeiramente importante e alinhada com quem você é.

Se a resposta for sim em pelo menos duas perguntas, então siga em frente, você está no caminho.

Para que as metas sejam realmente realizadas, estipule prazos definidos. Esse é o último elemento do Plano de

Ação SMART: a definição de metas com prazos definidos. Ela estabelece um período específico para a realização. Quando colocamos prazos, cria-se um senso de responsabilidade para cumprir o que foi estabelecido, também nos mantém focados na conquista da meta.

Assim que estabelecer os prazos para as metas, não se esqueça de ser realista e considerar o tempo necessário para alcançá-las. Caso a meta seja muito complexa, pode dividi-la em pequenas etapas, com datas-limites para cada uma dessas etapas. Isso permitirá que acompanhe cada etapa de forma eficaz e se mantenha motivado.

Quando compreender cada um desses elementos do Plano de Ação SMART, estará pronto para aplicar a abordagem na definição e no planejamento de suas metas.

Agora vamos aprender a avaliar o progresso das metas

Uma avaliação contínua fará muita diferença no planejamento e garantirá que estamos no caminho certo para fazer os ajustes necessários ao longo do caminho.

Todas as vezes que trabalho metas com minha equipe, digo: "Acompanhar e monitorar o progresso das metas é essencial para garantir que vamos conseguir chegar onde desejamos." Não adianta dizer quanto quer vender até o final do mês, com valores mensuráveis e tudo que a SMART pede, se não acompanhar o progresso do que foi estabelecido, entende?

Isso pode ser feito por meio de indicadores de progresso, que são marcos ou métricas utilizados para avaliar o avanço em relação à meta estabelecida.

Registre todas as informações que são relevantes. Você pode fazer isso por meio de um diário de metas, usar planilhas e aplicativos para acompanhamento de objetivos; o Trello é um deles. Depois de tomar hábito em fazer esse acompanhamento com dados concretos, conseguirá avaliar todo o progresso.

Faça análises e ajustes, após avaliar todo progresso das metas. Tudo deve ser feito com cuidado para conseguir identificar o que está funcionando e o que precisa ser ajustado. Isso envolve revisar todos os resultados que teve até o momento, identificar os obstáculos encontrados e considerar possíveis mudanças de estratégia.

Quando nos propomos a usar essa ferramenta, temos que levar em consideração que é importante manter uma mente sempre aberta durante essa análise e estar disposto a adaptar-se caso tenha alguma mudança. Não seja resistente nesse momento. Se houver uma abordagem que não está funcionando como esperado, devemos estar prontos para fazer ajustes e buscar novas alternativas que nos aproximem do objetivo que tanto desejamos. A flexibilidade da mente vai nos ajudar a ajustarmos novas estratégias. Pense comigo: quantas pessoas não conseguiram alcançar objetivos por ter uma mente cheia de crenças? Pode ter certeza que milhares delas.

Uma ideia genial é: enquanto estiver no processo de avaliação, aproveite para buscar *feedback* de pessoas confiáveis, pode ser de mentores, caso tenha um, converse com colegas ou profissionais especializados na área em que está buscando progresso. O *feedback* pode fornecer *insights* valiosos, apontar pontos cegos e oferecer sugestões construtivas para melhorar o desempenho.

Como mencionado no parágrafo anterior, no *feedback* também devemos estar abertos e receptivos para qualquer mudança ou ações diferentes das habituais, é necessário olhar como uma oportunidade de aprendizado e crescimento. Mesmo que o *feedback* seja desafiador, lembre-se de que ele tem o objetivo de nos ajudar a alcançar nossas metas de forma mais assertiva.

Conforme vai acontecendo a avaliação, podemos identificar a necessidade de revisar e redefinir nossas metas. Isso pode acontecer quando percebemos que uma meta se tornou irrelevante, que nossas circunstâncias mudaram ou que é necessário ajustar o prazo ou os critérios de mensuração.

Revisar e redefinir metas não significa que está desistindo ou fracassando, mas se adaptando às mudanças e buscando abordagens que farão mais sentido. Quando isso acontece comigo ou com a minha equipe, vejo como uma oportunidade de realinhar nossos objetivos e continuar avançando em direção ao que é realmente importante para nós.

Superando obstáculos e desafios

Agora, gostaria de discutir como superar os obstáculos e desafios que surgem ao longo do processo de busca pelos objetivos. Esses obstáculos podem se manifestar de diversas maneiras, portanto precisamos desenvolver estratégias específicas para lidar com cada um deles.

É importante estar sempre preparado, pois muitas vezes é necessário testar abordagens diferentes para garantir o sucesso de nossos projetos. O primeiro passo para superar obstáculos, caso venham, é identificá-los de maneira clara e objetiva. Ou seja, o que é realmente que está acontecendo?

Esses obstáculos podem incluir a falta de recursos financeiros, falta de habilidades específicas, resistência à mudança, entre outros. É importante reconhecer que enfrentar obstáculos faz parte do processo e que não devem nos desencorajar.

Depois que conseguirmos identificar todos os obstáculos, chega o momento de desenvolver estratégias para superá-los. Isso pode incluir a busca por soluções alternativas, o desenvolvimento de novas habilidades, a busca por apoio de outras pessoas ou a revisão de nossas crenças e atitudes.

Cada obstáculo que encontrar no caminho pode exigir uma abordagem diferente. É nesse momento que é importante ter flexibilidade e criatividade para encontrar soluções que sejam adequadas e que facilitem o objetivo. Podemos buscar orientação de pessoas que já enfrentaram desafios semelhantes, como mentores habilitados para auxiliar ou procurar recursos on-line que ofereçam *insights* e estratégias para superação.

Eu sei que superar obstáculos pode parecer desafiador e exigir esforço além do que está habituado. Empreender é como escalar uma montanha: para chegar ao topo, é preciso superar obstáculos. Assim como um alpinista inteligente utiliza equipamentos adequados e estratégias bem planejadas, um empreendedor inteligente utiliza técnicas e conhecimento do produto para superar as barreiras que surgem no caminho.

Cada problema que encontrar no caminho é como uma trilha diferente, cheia de desafios. Cabe ao empreendedor inteligente identificar quais são esses problemas e encontrar maneiras criativas de contorná-los, sempre focando no objetivo final: empreender. Assim como um alpinista supera a fadiga e o medo da altura, o empreendedor inteligente supera os problemas que acontecem no seu caminho. A cada superação, o empreendedor se sente como um verdadeiro conquistador de montanhas, que não se deixa abater pelos obstáculos, mas que os utiliza como degraus para alcançar o sucesso.

Por isso, manter o foco é essencial para continuar avançando em direção aos nossos objetivos. É importante lembrar seu propósito, a importância e a relevância por trás de nossas metas e visualizar os benefícios que alcançará quando conseguir superar os obstáculos.

Podemos nos manter obstinados estabelecendo recompensas para cada etapa concluída, buscando o apoio de pessoas próximas, visualizando o sucesso e celebrando as conquistas ao longo do caminho. Sempre com uma mentalidade positiva e aberta a novos desafios.

Como já mencionei, cada obstáculo enfrentado é uma oportunidade de aprendizado e crescimento. Quando isso acontece, aprendemos novas habilidades, desenvolvemos resiliência e expandimos nossa capacidade de lidar com situações adversas. É importante parar para refletir sobre tudo que vem superando ao longo de sua carreira e identificar quais foram as lições aprendidas em todo o processo. Não há possibilidade de aprender sem passar por experiências, mesmo que negativas.

Aprendendo com nossas experiências, estaremos mais preparados para enfrentar futuros desafios que possam surgir. Essa aprendizagem fortalece nossa confiança e nos torna mais resilientes diante das adversidades.

Foco e disciplina: mantendo-se no caminho

Ainda sobre "Conquistando objetivos: utilizando o plano de ação SMART para estruturar metas", quero abordar a importância de manter o foco e a disciplina quando perseguimos nossos objetivos. Essas duas qualidades garantem que permaneçamos no caminho certo e superemos os desafios que surgirão.

Preste atenção nas seguintes dicas.

- **Defina prioridades:** escolha um momento para definir todas as suas prioridades, identifique as tarefas e ações que são essenciais para o alcance de suas metas e dedique tempo e energia a elas.

  Quando paramos para definir nossas prioridades, evitamos a dispersão e direcionamos nossos esforços para o que é realmente importante. Você acha que o foco é importante para alcançar as metas? Tenho certeza de que respondeu que "sim". Então, continue a leitura, a qual fará toda a diferença para seu desenvolvimento.

  Uma estratégia útil e interessante é estabelecer uma lista de tarefas diárias ou semanais, nas quais vamos destacar as ações mais relevantes e nos comprometer a realizá-las. Isso nos ajuda a manter o foco nas atividades-chave e a evitar distrações que possam desviar nossa atenção do objetivo principal.

- **Elimine as distrações:** no mundo atual, inclusive no mundo dos negócios, estamos constantemente expostos a diversas distrações, como redes sociais, notificações de celular e outras formas de estímulos externos. Para conseguir manter o foco, devemos identificar, eliminar ou reduzir essas distrações. Você precisa ter controle de suas atitudes. Se não for capaz de controlar para não se distrair com as redes sociais, ninguém fará por você, pois nessa parte não existem fórmulas mágicas, é você que deve decidir isso.

  Eu, por exemplo, estabeleço períodos de tempo específicos para verificar e responder às mensagens. Muitas vezes tenho que desativar notificações que não são urgentes durante certas horas do dia. Quando conseguimos fazer isso, que é minimizar as interferências externas, podemos concentrar nossa atenção nas tarefas importantes e avançar em direção à meta.

- **Cultive a disciplina:** o que é disciplina? É a capacidade de se comprometer e manter uma rotina consistente em relação às ações necessárias para alcançar nossos objetivos. Ela requer autodisciplina, determinação, perseverança e atitude que depende exclusivamente de você.

"O maior risco é não correr risco algum."
Mark Zuckerberg

Comece a pensar em como vai estabelecer hábitos e rituais diários que estejam alinhados com as metas estabelecidas. Isso pode incluir reservar um tempo específico todos os dias para trabalhar nas tarefas relacionadas à meta, estabelecer metas de curto prazo para cumprir diariamente e recompensar-se pelo cumprimento dessas metas.

Também é importante lembrar-se do propósito por trás de todas essas metas e manter o comprometimento mesmo nos momentos de dificuldade. A disciplina nos ajuda a superar a procrastinação, a resistência para fazer algo e outras barreiras que podem surgir.

Algumas coisas que pode fazer para agregar em suas conquistas de metas.

- **Ter fontes de apoio:** ter um sistema de apoio pode fazer toda a diferença, fornecendo suporte emocional, orientação e motivação ao longo do caminho.

O que deve fazer para construir uma rede de suporte é identificar as pessoas e os recursos que podem ajudar em sua jornada. Estamos falando de amigos, familiares, mentores, colegas de trabalho, grupos de apoio, livros, cursos ou até mesmo profissionais especializados na área em que se busca progresso. Com toda certeza, ter um sistema de apoio pode fazer toda a diferença.

Cada pessoa ou recurso pode oferecer diferentes perspectivas, *insights* e conselhos. É importante escolher pessoas que acreditem no seu potencial e estejam dispostas a te apoiar de maneira construtiva.

- **Compartilhar metas e todo o progresso:** depois de ter identificado as fontes de apoio, compartilhe suas metas e progresso. Isso não vai apenas permitir que receba *feedback* e orientação, mas também o responsabilizará por suas ações.

  Quando compartilha suas metas, estará aberto a receber encorajamento, conselhos e até mesmo sugestões de estratégias que talvez não tenha considerado. Compartilhar nosso progresso com pessoas de confiança nos ajuda a celebrar as conquistas e a manter nossa motivação elevada.

- **Busque mentoria e orientação:** é uma forma poderosa de apoio buscar mentoria ou orientação de pessoas que já alcançaram sucesso em áreas similares. Essas pessoas podem oferecer conhecimentos, experiências e *insights* valiosos, inspirando-o com histórias de superação. Quem nunca se sentiu motivado conhecendo pessoas que superaram obstáculos e chegaram às suas metas?

  Eu mesma recebo diariamente pessoas compartilhando ideias e pedindo orientação em relação ao meu conhecimento. Percebo o quanto isso tem sido relevante para essas pessoas.

Então, procure mentores em seu círculo pessoal ou profissional, participe de programas de mentoria ou busque orientação por meio de recursos on-line, como cursos, webinares ou comunidades virtuais. A mentoria nos permite aprender com a sabedoria dos outros e evitar cometer erros que já foram superados por eles.

- **Ofereça apoio mútuo:** construir uma rede de suporte, ter apoiadores e mentores não se trata apenas de receber, mas também de oferecer apoio mútuo. Quando resolvemos compartilhar nossas experiências, conhecimentos e recursos com outras pessoas que estão em busca de objetivos semelhantes, criamos um ambiente de colaboração e crescimento coletivo. E isso é magnífico, pois fortalecemos a nossa jornada.

  Podemos oferecer suporte emocional, compartilhar nossas estratégias bem-sucedidas, fornecer *feedback* construtivo e incentivar aqueles ao nosso redor a nunca desistir de seus sonhos, dar suporte, assim como nós desejamos ter apoio também.

- **Crie o futuro que deseja:** provavelmente, já ouviu falar sobre o poder da visualização. Hoje, existem diversos livros e vídeos na internet abordando esse assunto. E não é à toa que é um tema tão compartilhado, pois se não consegue ao menos imaginar como será a conquista de suas metas por meio da visualização ou da imaginação, como espera alcançar sonhos se nem mesmo sabe qual é seu desejo?

  Isso também se aplica a quem tem o desejo de criar uma visão para a empresa. Se não tiver uma imagem clara de como imagina sua empresa ou seus negócios nos próximos anos, dificilmente conseguirá realizar seus projetos.

A visualização é uma técnica poderosa que nos permite criar uma imagem vívida do futuro desejado. Ao visualizar nossos objetivos já realizados, ativamos nossa mente subconsciente e estimulamos a criatividade e a motivação para alcançá-los.

Quando for praticar a visualização, lembre-se de que é essencial envolver todos os sentidos. Imagine-se vivendo a realidade do objetivo alcançado: sinta as emoções, visualize os detalhes, ouça os sons e até mesmo imagine os cheiros e sabores associados a essa conquista. Quanto mais vívida e realista for a visualização, mais poderosa ela se tornará em impulsionar nosso progresso.

- **Cultive uma mentalidade positiva para fortalecer seu planejamento com o plano de ação SMART:** já falamos sobre mentalidade por aqui, mas não custa reforçar e trazer mais conceitos, pois a mentalidade positiva é muito importante em nossa jornada de conquista de objetivos. Quando acreditamos em nosso potencial, superamos os desafios que nos pegam de surpresa, temos mais resiliência e abraçamos a perspectiva de aprendizado em cada obstáculo. O ideal é substituir pensamentos negativos e autossabotadores por afirmações positivas e encorajadoras.
- **Pratique a gratidão:** a gratidão é uma prática poderosa que alimenta nossa mentalidade positiva. Não pense que a gratidão é somente o ato de agradecer, mas sentir que é realmente grato, precisa vir do coração. Sabe aquela sensação de felicidade quando temos algo que tanto desejamos? É exatamente esse sentimento que deve estar no seu coração sempre. É um estado de espírito leve, que o faz acreditar que todas as coisas são possíveis.

Eu gosto muito de fazer um exercício diário de gratidão. É só escrever três coisas pelas quais é grato em relação a seus objetivos durante o processo de planejamento. Quando aprecia o que já têm, abre muitas coisas boas para receber mais bênçãos durante a construção da jornada.

- **Crie afirmações positivas:** parece bobagem, mas se continuar reclamando não terá nada do que deseja. As afirmações positivas são declarações poderosas que reforçam nossa mentalidade positiva e nos conectam com o futuro desejado. Crie afirmações que refletem seus objetivos e repita-as diariamente, com convicção e emoção.

  Por exemplo: se seu objetivo é abrir o próprio negócio, uma afirmação poderia ser: "Eu sou um empreendedor bem-sucedido, criativo e resiliente. Eu construo um negócio próspero e impactante". Repita frases positivas regularmente para reprogramar sua mente e acreditar em seu potencial. Notará que, com o tempo, agirá de acordo com tudo que disser.

- **Mantenha-se obstinado:** uma maneira de se manter obstinado é definir recompensas ao longo do caminho. Estabeleça metas intermediárias que possam ser celebradas e recompense-se quando as alcançar. Essas recompensas podem ser pequenas, como uma pausa para desfrutar de algo que goste, ou maiores, como uma recompensa tangível relacionada ao seu objetivo.

  Um exemplo para a meta de abertura de empresas é: a cada meta cumprida, compre um objeto de decoração para sua nova sala. Ou um acessório necessário que sabe que vai precisar quando tudo estiver pronto. Isso faz com que crie um senso de progresso e realizações, o que ajuda a manter a motivação elevada.

- **Encontre inspiração e modelos de referência:** buscar inspiração é uma maneira poderosa de manter a motivação. Procure por histórias de sucesso de pessoas que alcançaram objetivos semelhantes aos seus. Leia livros, assista a documentários ou siga pessoas que tenham influência na área em que deseja progredir.

  Tenha modelos de referência que já alcançaram o sucesso e que podem ser uma inspiração. Isso nos ajuda a manter o foco e a motivação, especialmente nos momentos em que enfrentamos desafios.

- **Envolva-se com pessoas que tenham resultados:** escolha estar com pessoas que fazem sentido para seu sucesso, pois isso é uma ótima maneira de se manter firme em seu propósito. Junte-se a grupos ou fóruns com os quais possa compartilhar experiências, ideias, desafios e conquistas.

  Interaja com outras pessoas que estão passando pela mesma jornada, que se proponham a dividir as ideias dos projetos, criando um senso de camaradagem e apoio mútuo. Vocês podem se apoiar, compartilhar estratégias e fornecer motivação uns aos outros, mantendo o impulso em direção aos objetivos.

- **Revise e ajuste seu plano de ação:** conforme for realizando seus projetos e conquistando seus objetivos, é importante sempre revisar e ajustar seu plano de ação conforme necessário. Muitas vezes, as circunstâncias mudam, coisas novas acontecem ou pode descobrir que certas estratégias não estão funcionando conforme o esperado.

  No momento em que revisar e ajustar seu plano, mantenha a sensação de progresso e evite a estagnação. Isso manterá sua motivação.

- **Revise e reavalie seus objetivos:** antes de dar continuidade, reserve um tempo para revisar e reavaliar seus objetivos. Verifique se é isso mesmo que quer e se estão alinhados com seus valores e aspirações. Faça os ajustes necessários para garantir que seus objetivos estejam alinhados com sua visão de sucesso.
- **Crie um plano de ação final:** após revisar e avaliar, crie um plano de ação final para atingir seus objetivos. Quebre seus objetivos em tarefas e etapas específicas, estabelecendo prazos e alocando os recursos necessários. Certifique-se de que seu plano seja realista, mensurável e alcançável, utilizando os princípios SMART.
- **Mantenha-se responsável:** encontre maneiras de se manter responsável pelo cumprimento de seu plano de ação final. Não esqueça que é o único responsável pela vitória de seus planos. Uma ideia bacana é manter um registro de suas realizações e celebrar cada etapa alcançada.
- **Celebre suas conquistas e defina novos objetivos:** conseguiu? Conquistou? Celebre. Reconheça seu progresso, valorize suas realizações e permita-se desfrutar do sucesso alcançado, e claro, defina novos objetivos. A conquista de um objetivo não marca o fim da jornada, mas o início de uma nova etapa. Continue definindo metas desafiadoras e inspiradoras para impulsionar seu crescimento e desenvolvimento contínuo.

A importância de definir metas a longo prazo

Definir metas a longo prazo trará sucesso, desenvolvimento pessoal, profissional e organizacional. Esse processo orienta indivíduos e empresas em sua trajetória rumo ao futuro desejado; também serve como um farol que ilumina o caminho durante momentos de incerteza e desafio. A importância de estabelecer objetivos de longa duração transcende o simples ato de traçar planos, é uma prática que incute direção, foco e senso de propósito.

Em primeiro lugar, as metas a longo prazo permitem a visualização de um futuro ambicioso e desejável. Quando se sabe aonde se quer chegar, cria-se um quadro de referência que guia todas as decisões e ações subsequentes. Essa visão de futuro funciona como uma bússola, ajudando a manter o foco mesmo diante de distrações ou obstáculos que surgem no caminho. Sem uma meta clara, é fácil desviar-se para caminhos que podem parecer mais fáceis ou gratificantes, mas que a longo prazo podem não levar ao destino desejado.

Saber que estamos trabalhando em direção a algo significativo e desejado, pode ser uma forma poderosa para continuar em momentos de desafios. Essas metas fornecem senso de propósito e permitem manter a persistência e o comprometimento, mesmo quando enfrentamos fracassos temporários. A celebração de marcos alcançados no caminho para um objetivo de longo prazo reforça a motivação e a confiança.

Quando paramos para definir nossas metas de longo prazo, é como se estivéssemos desenhando um mapa para o futuro que sonhamos. É um momento de clareza, no qual o destino que desejamos alcançar se torna nosso norte. Com esse objetivo firme em nossas mentes, começamos a traçar um caminho cheio de promessas, identificando cada passo necessário, os recursos que precisaremos reunir e os desafios que podemos encontrar pelo caminho.

Essa jornada de planejamento não é apenas sobre eficiência, é sobre dar sentido a cada esforço nosso, garantindo que cada ação nos aproxime um pouco mais daquela visão que nos inspira. É um processo que nos ensina a valorizar nossos recursos, sejam tempo, dinheiro ou energia, focando no que realmente importa e deixando de lado o que não nos ajuda a chegar aonde queremos. Em essência, é uma forma de abraçar nossos sonhos com os pés no chão, preparados para transformá-los em realidade.

Traçar objetivos que se estendem lá no futuro tem um jeito todo especial de nos empurrar para crescer, tanto na vida pessoal quanto na profissional. É como se, ao nos esticarmos para alcançar aquelas estrelas distantes de ambições grandes, nos descobríssemos capazes de muito mais do que imaginávamos. A gente se vê aprendendo coisas novas, ampliando o que sabe e, muitas vezes, dando aquele passo além do confortável. E essa jornada de descoberta não para nunca, porque se torna parte de quem somos – sempre em movimento e evoluindo para enfrentar um mundo que não para de mudar.

E sabe o que mais? Quando colocamos no papel (ou na tela) o que queremos para daqui a muitos anos, ganhamos uma bússola para medir o quanto já caminhamos e para pensar sobre os rumos que estamos tomando. Fazendo aquela revisão de tempos em tempos, nos damos a chance de ajustar a rota, de mudar os planos conforme a necessidade. Essa habilidade de se adaptar, de ser flexível diante do que a vida traz, é nosso grande trunfo para navegar por mares que estão sempre mudando, por vezes turbulentos. É assim que seguimos, com olhos no horizonte e pés prontos para dançar conforme a música.

Após essas etapas, seu mundo empreendedor será de sucesso.

SINTETIZANDO AS IDEIAS...

Neste capítulo, foi apresentado o conceito do Plano de Ação SMART para estruturar metas de forma eficaz. A abordagem SMART envolve cinco elementos: específico, mensurável, alcançável, relevante e com prazo definido. O texto detalha cada elemento, ressaltando a importância de definir metas claras e direcionadas.

A autora destaca a relevância de criar metas específicas, mensuráveis, alcançáveis, relevantes e com prazos definidos para alcançar o sucesso como empreendedor. A importância de eliminar distrações, cultivar a disciplina e manter uma mentalidade positiva é enfatizada com dicas para se concentrar nas tarefas essenciais e superar obstáculos.

A motivação é considerada importante e são sugeridas estratégias para mantê-la alta, como estabelecer recompensas, encontrar inspiração em histórias de sucesso e envolver-se em comunidades de apoio. A prática da visualização e da gratidão é promovida como formas de fortalecer a mentalidade positiva.

O capítulo encoraja a revisão e o ajuste do plano de ação, celebração de conquistas e definição de novos objetivos para o crescimento contínuo.

No geral, oferece uma visão abrangente sobre como aplicar o Plano de Ação SMART para estruturar metas e superar desafios, enfatizando a importância de uma mentalidade positiva, disciplina e motivação na jornada em direção ao sucesso.

“Quando paramos
para definir nossas metas
de longo prazo, é como se
estivéssemos desenhando
um mapa para o futuro que
sonhamos. É um momento
de clareza, no qual o destino
que desejamos alcançar
se torna nosso norte.”

Sophia Martins

O empreendedorismo na visão de André Magalhães Pinto. Empreendedorismo brasileiro: uma jornada de inovação

O empreendedorismo no Brasil é uma jornada vibrante, marcada por um espírito empresarial único que ultrapassa as fronteiras do comércio. Essa trajetória é alimentada por uma genuína paixão por pessoas, uma característica distintiva que define o empresariado brasileiro. A generosidade em compartilhar descobertas e conhecimentos é uma prática elogiável, refletindo uma abordagem altruísta aos negócios, em que o sucesso coletivo é tão valorizado quanto as conquistas individuais.

No coração do empreendedor brasileiro, encontra-se a convicção de que empreender é muito mais que uma atividade comercial; é uma missão que exige compromisso inabalável com preparo, planejamento, disciplina e persistência. Essa missão é impulsionada por uma clareza de objetivos e metas, com a compreensão de que cada passo em sua direção é um passo em direção ao sucesso. Tal clareza não apenas orienta o empreendedor em sua jornada, como também serve como uma bússola que mantém o foco, mesmo diante dos desafios inerentes ao percurso.

A paixão por pessoas se manifesta não só na forma como os empreendedores brasileiros gerenciam suas equipes e constroem relações com clientes, mas também no modo como engajam com a comunidade e a sociedade. Essa paixão se traduz em negócios que não apenas buscam o lucro, como visam contribuir para o bem-estar social, promovendo um impacto positivo que vai além dos resultados financeiros. No mundo dos negócios, se é pago em duas moedas: dinheiro e experiência. Deixe a experiência andar na frente, o dinheiro virá no tempo certo.

A generosidade em compartilhar conhecimento reflete um entendimento profundo de que o crescimento pessoal está intrinsecamente ligado ao desenvolvimento coletivo. Essa mentalidade promove um ecossistema de negócios colaborativo, no qual a coesão é explorada para o benefício mútuo, fortalecendo a economia e fomentando a inovação.

Empreender no Brasil é encarado como uma aventura contínua de aprendizado e superação. Os empreendedores brasileiros são reconhecidos por sua capacidade de navegar por águas turbulentas com otimismo e resiliência, transformando obstáculos em oportunidades de crescimento.

O empreendedorismo brasileiro é uma celebração da humanidade nos negócios, um lembrete poderoso de que, no final das contas, as empresas são feitas por pessoas e para pessoas. Por essa lente, o empreendedorismo revela-se não apenas como uma jornada em busca de sucesso comercial, bem como uma missão para criar um futuro mais promissor, inclusivo e humano.

Eu trouxe esse ponto de vista sobre o empreendedorismo, pois se encaixa com a autora desta obra. Sophia é uma empreendedora nata cujas criatividade e determinação desafiam constantemente os limites da sua zona de conforto. Sua disciplina e busca incessante por inovação e qualidade não apenas a destacam, também inspiram os que estão ao seu redor.

Lidera sua equipe com maestria, incorporando os princípios fundamentais dos 4 Cs: comprometimento, competência, confiança e cordialidade. É admirável como ela consegue agregar valor em cada projeto ou desafio, com generosidade em compartilhar descobertas e conhecimentos que mostram seu caráter altruísta e seu compromisso em ver as pessoas prosperarem.

Sophia tem grandes qualidades, é genuína e apaixonada por pessoas. Ela entende que, no mundo dos negócios, as relações humanas são o verdadeiro alicerce do sucesso. Sua empatia, habilidade para se conectar e autenticidade ao lidar com as pessoas é cativante.

Do ponto de vista empresarial, Sophia personifica o espírito empreendedor. Uma guerreira incansável, enfrenta diariamente os desafios do mundo dos negócios com resiliência e determinação inabaláveis. Para ela, empreender é mais do que uma atividade comercial, é uma missão que exige preparo, planejamento, disciplina e persistência.

Ela compreende que os inícios difíceis moldam empreendedores fortes e bem-sucedidos. Sophia tem clareza sobre seus objetivos e metas, entendendo que cada passo dado em direção a eles é um passo em direção ao sucesso. Sua abordagem minuciosa e focada, aliada à sua capacidade de inspirar e motivar os outros, a tornam uma verdadeira líder.

Termino meu capítulo afirmando que Sophia é uma empreendedora brilhante, fonte constante de inspiração, orientação e apoio para todos os que têm o privilégio de conhecê-la.

André Magalhães Pinto

Empresário. Foi diretor de *Marketing* do Banco Nacional durante 5 anos. Esteve em todos Grand Prixs de F1 em torno do mundo, fortalecendo a marca do Banco Nacional junto ao piloto Ayrton Senna, patrocinado pelo banco. Foi secretário do Fundo Social do Estado de São Paulo no Governo Mário Covas; Assessor Especial de Relações Internacionais do prefeito e governador João Doria Jr. É Chairman da Ibirá Partners e AMP-5 Consulting Group.

CAPÍTULO 08

Sophia Martins

A gestão do tempo na carreira do empreendedor

Sophia Martins

Você é daquelas pessoas que conseguem realizar várias tarefas em curto espaço de tempo ou passa o dia tentando se organizar e, no final do período, parece que não fez nada do que precisava ter feito?

O que diferencia uma pessoa da outra é a capacidade de fazer a gestão do seu tempo. Na minha carreira como empreendedora, saber alinhar a gestão do tempo com a minha profissão sempre foi um desafio, mas funcionou. Sempre fui atenta a ser a mais produtiva possível e em curto espaço de tempo. Para isso, precisei me organizar dentro de algumas estratégias.

Estratégias que mudam o nosso olhar para melhor, que nos auxiliam e orientam em como devemos realmente agir. Ao longo dos capítulos, já venho entregando essas estratégias e, neste capítulo, não será diferente.

Em primeiro lugar, vamos entender o que é a gestão do tempo

A gestão do tempo, como o nome diz: gerenciar seu tempo, é o processo de planejamento, organização e controle das atividades diárias de forma a otimizar o uso do tempo disponível. Isso significa identificar tarefas prioritárias, estabelecer prazos realistas, evitar a procrastinação e utilizar técnicas eficazes para maximizar a eficiência pessoal.

A gestão do tempo é importante porque nos ajuda a evitar a sensação de sobrecarga, estresse e atrasos constantes, mesmo que tenha muitas atividades para realizar. Quando dominamos essa habilidade, somos capazes de priorizar o que realmente importa, cumprir prazos, manter o foco nas atividades essenciais e encontrar um equilíbrio entre trabalho e vida pessoal.

Ter essa habilidade, de gerenciar nosso tempo nos permite ter uma visão clara das metas e objetivos a serem alcançados, possibilitando o planejamento adequado e o aproveitamento máximo das horas disponíveis.

Deixarei aqui algumas dicas que uso diariamente. Assim, a partir dessa leitura, poderá se organizar melhor e otimizar seu tempo.

Priorize suas tarefas

Entenda em que nível de importância suas tarefas estão, se é urgente ou se pode ser feita a qualquer tempo. Para isso, pode utilizar a Matriz de Eisenhower, que divide as tarefas em quatro categorias:

1. **Urgente e importante:** essas tarefas precisam ser feitas imediatamente, pois são importantes para seus objetivos. Um orçamento, por exemplo, se não for realizado em um determinado tempo, corre-se o risco de não fechar o negócio, portanto é urgente e é importante, pois impacta nos resultados.

2. **Importante, mas não urgente:** essas tarefas são relevantes, mas não precisam ser realizadas urgentemente. Elas devem ser resolvidas para dar continuidade às atividades, podem ser feitas dentro de um cronograma planejado. Um exemplo são os e-mails: precisam ser lidos e respondidos, pois podem conter solicitações de vendas e orçamentos. Se não forem tratados, podem impactar nos resultados da empresa. No entanto, essa tarefa não é necessariamente urgente.

3. **Urgente, mas não importante:** são tarefas que exigem ação imediata, mas não são relevantes para o objetivo. É a atividade que deve ser feita para "ontem", mas não agrega tanto para sua área, delegue para outra pessoa que tem disponibilidade e competência para realizá-la. Exemplo: caiu uma xícara de café no chão da sua sala, precisa ser limpado urgentemente, mas não é importante, pois não impacta no resultado da empresa.

   Enquanto a palavra "importante" diz respeito a uma qualidade, a um valor que é dado a algo, "urgente" tem a ver com o tempo.

4. **Não urgente e não importante:** são tarefas que não exigem ação imediata e não são relevantes para os objetivos. Devem ser eliminadas ou delegadas. Exemplos: compras de supermercados, reuniões que poderiam ser um e-mail, checar a caixa de entrada ou as redes sociais com frequência, entre outros matadores de produtividade.

Quando for priorizar as tarefas, foque nas atividades urgentes e importantes, mas não se esqueça de reservar tempo para tarefas importantes, porém não urgentes, que são essenciais para seu crescimento pessoal e profissional.

Elimine distrações

Eu peguei muito no meu próprio pé (como diz o ditado) em relação às coisas que me tiram o foco, pois são grandes inimigas da produtividade. Se conseguir identificar e eliminar essas distrações, vai dominar a gestão do tempo. Aqui estão algumas estratégias que usei para lidar com as distrações:

- desligue notificações desnecessárias em seu celular e computador;
- crie um ambiente de trabalho livre de distrações, mantendo sua mesa organizada e limpa;
- estabeleça horários específicos para verificar e-mails e redes sociais;
- utilize aplicativos de bloqueio de sites ou extensões do navegador para evitar acessar sites não relacionados ao trabalho durante o expediente.

Isso fará com que mantenha o foco nas tarefas importantes e realize mais em menos tempo.

Aprenda a dizer "Não"

Essa é uma lição que levo para a vida. Foi um dos meus melhores aprendizados: dizer "não". Dizer "não" é essencial para gerenciar nosso tempo. Muitas vezes, nos sentimos pressionados a assumir mais tarefas do que somos capazes de lidar. Quando aprendemos a dizer um simples "não", nos ajuda na sobrecarga e na diminuição da qualidade do trabalho.

Portanto, a melhor orientação que posso deixar em relação a isso é: seja seletivo ao aceitar novas tarefas ou projetos. Avalie sua carga de trabalho atual e prioridades antes de assumir compromissos adicionais.

Dizer "não" quando necessário permite que concentre sua energia nas tarefas mais importantes, evita o esgotamento e valoriza o que é importante. Dizer "não" é um valor que damos a nós mesmos, pois merecemos escolher aquilo que queremos fazer e o que não queremos fazer também. Concorda comigo? Viver em função da vontade de outras pessoas não nos faz feliz.

Organize seu ambiente de trabalho

Quem diz que se acha na própria bagunça, provavelmente não experimentou o que é ter uma mesa organizada e o quanto ela pode contribuir significativamente para a produtividade. Estou dizendo isso, pois passei anos da minha vida achando que era organizada o suficiente no meio de tantos projetos, até que aprendi como deveria ser feito e troquei meus hábitos por esses que deixarei aqui:

1. Manter a mesa limpa e livre de objetos desnecessários;
2. Utilizar pastas, prateleiras ou organizadores para armazenar documentos e materiais de trabalho;
3. Identificar e rotular os itens para facilitar a localização;

4. Digitalizar documentos importantes para reduzir a quantidade de papel.

Uma área de trabalho organizada proporciona um ambiente mais tranquilo e ajuda a manter o foco nas tarefas. Faça um teste e, depois, me conte como se sentiu e como ficou sua produtividade após a organização.

Faça uso de técnicas de produtividade

Aprendi diversas técnicas de produtividade que podem ser úteis para dominar a gestão do tempo. Aqui estão algumas das mais populares:

1. **Técnica Pomodoro:** divide o trabalho em períodos de tempo, geralmente 25 minutos, seguidos de breves intervalos. Essa técnica ajuda a manter o foco e a evitar a exaustão mental. É uma técnica de produtividade simples e eficaz. Consiste em trabalhar intensamente por um período de tempo definido, geralmente 25 minutos (um "pomodoro"), seguido de curto intervalo de descanso, de cerca de 5 minutos.

   Após quatro pomodoros, faça uma pausa mais longa, de aproximadamente 15 a 30 minutos. Essa técnica ajuda a manter a concentração e a evitar a fadiga mental.

   Experimente usar um cronômetro ou aplicativo de Pomodoro para implementar essa técnica em sua rotina diária.

"Se você quer uma mudança permanente, pare de focar no tamanho de seus problemas e comece a focar no tamanho de você."

T. Harv Eker

2. **Método GTD (Getting Things Done):** consiste em capturar todas as tarefas em um sistema confiável, organizar e revisar regularmente as listas de tarefas, executar as ações necessárias com base nas prioridades.

   A única coisa que vai precisar é separar tempo para se dedicar à estruturação e espaço confortável, para conseguir se concentrar na preparação do projeto e ferramentas de anotação físicas ou digitais.

   O método GTD é simples e dividido em 5 passos:

   - Coletar;
   - Processar;
   - Organizar;
   - Revisar;
   - Executar.

Coletar ideias

O primeiro passo é anotar todas as suas atividades, tudo o que tiver para fazer. Não se preocupe se aquela ideia é boa ou ruim, apenas esvazie a mente e deixe para analisar as anotações na próxima etapa.

Pode parecer desafiador no início, mas é ideal para instigar o cérebro, organizar as ideias e não deixar de fazer a atividade, mesmo que seja uma ideia familiar, pessoal ou profissional.

Reserve um bom tempo para realizar essa tarefa, faça com calma para não deixar nenhum item fora da lista.

Processar as necessidades

Agora que está cheio de tarefas, chegou o momento de processá-las. Se decidir que não vai tomar uma ação sobre aquela atividade, terá três caminhos a percorrer:

- descarte tudo o que não for preciso;
- separe as anotações de planos que pode ser feito em outro momento;
- use como referência para consultas posteriores.

Para as que resolveu agir, faça o que pode ser feito em menos de dois minutos. O que não for tão simples, terá que escolher entre:

- delegar para a pessoa responsável;
- adiar para fazer em um momento específico;
- definir as próximas ações necessárias para concluir um projeto.

Organizar tarefas

Quando organizar as tarefas, perceberá que conseguirá definir as prioridades e dedicar o tempo necessário para as atividades mais importantes.

Especifique as atividades que precisa realizar de acordo com o assunto (familiar, pessoal ou profissional). Cumpra cada projeto de acordo com a ordem de relevância: o mais importante no topo da lista, o menos importante ao final dela.

Quando as tarefas forem muito grandes, divida em pequenas ações. Pode usar marcadores de importância para otimizar as etapas do processo.

Refletir sobre prioridades

Concorda comigo que a vida é muito dinâmica e em um instante tudo pode mudar? Pois então, pode acontecer que uma ação que era urgente passe a ter um prazo maior de resolução. Para lidar com isso, escolha um dia da semana para refletir sobre aquele conteúdo programado. A revisão do tema serve para entender se está funcionando corretamente e reajustar o planejamento, caso seja necessário.

Executar seu cronograma

Agora é a hora de ver tudo funcionando. Planejar sem agir é perda de tempo, portanto a etapa mais importante de todas é a execução da programação. Selecione as tarefas que executará de acordo com critérios limitadores: seu nível de energia, tempo disponível e contexto. Busque o equilíbrio para tomar as decisões corretas. Não adianta ter tempo disponível, mas estar cansado demais para cumprir aquela meta.

Ferramentas e recursos para a gestão de tempo

Aplicativos de gerenciamento de tarefas

Os aplicativos de gerenciamento de tarefas são ferramentas poderosas para ajudá-lo a organizar e acompanhar as atividades.

Aqui estão alguns exemplos que gosto de usar:

- **Trello:** permite criar quadros e listas para organizar as tarefas de forma visual. Vale a pena usar todos os dias, é muito funcional;
- **Todoist:** oferece recursos de lista de tarefas, lembretes e integração com outros aplicativos. O Todoist é um gerenciador de tarefas que ajuda a enfrentar aquela sensação de estar perdido no meio de tanta coisa pra fazer;
- **Asana:** possibilita o gerenciamento de projetos e tarefas em equipe, com recursos avançados de colaboração. Todos da empresa ficam conectados e podem acompanhar quem está usando o que no Asana. Para um gestor de equipe, é uma excelente ferramenta.

Você pode explorar todos esses diferentes aplicativos e escolher aquele que melhor se adapte às suas necessidades e preferências. O importante é produzir mais, em menos tempo e da maneira correta.

Calendários on-line

Calendários on-line são excelentes ferramentas para agendar compromissos, reuniões e prazos importantes. Além disso, permitem visualizar a agenda de forma clara e sincronizar com outros dispositivos. Sinceramente, quem não usa calendário on-line está fora das atualizações digitais, pois é o que há de necessário.

Alguns calendários on-line populares para conhecer:

- **Google Agenda:** oferece recursos avançados de agendamento, lembretes e compartilhamento de eventos;
- **Microsoft Outlook:** inclui calendário, e-mail e outras ferramentas de produtividade em um único aplicativo;
- **Apple Calendar:** aplicativo de calendário nativo para dispositivos Apple, com integração perfeita entre dispositivos.

Agora é só escolher o calendário on-line que melhor se adapte às suas preferências e integre-o à sua rotina diária.

Criei este capítulo para que quem é empreendedor ou quer se tornar um possa dominar a gestão do tempo e aumentar sua produtividade. Depois que seguir as técnicas que deixei por aqui, estará em um caminho muito mais assertivo.

SINTETIZANDO AS IDEIAS...

A gestão do tempo é crucial na carreira de um empreendedor. Alguns conseguem realizar várias tarefas em pouco tempo, enquanto outros lutam para se organizar e acabam não cumprindo o que precisam fazer. A diferença está na capacidade de gerenciar o tempo de forma eficiente.

Para isso, é necessário planejar, organizar e controlar as atividades diárias, priorizando as tarefas importantes e estabelecendo prazos realistas. A gestão do tempo ajuda a evitar sobrecarga, estresse e atrasos constantes, permitindo que o empreendedor alcance metas e objetivos. Algumas dicas incluem priorizar tarefas, eliminar distrações, aprender a dizer "não", organizar o ambiente de trabalho e utilizar técnicas de produtividade. Além disso, aplicativos de gerenciamento de tarefas e calendários on-line podem ser ótimas ferramentas para auxiliar na gestão do tempo.

EM AÇÃO...

Preparei uma ferramenta muito usada por grandes mentores que ampliará sua visão em relação a sua gestão de tempo. Chegou a hora de se organizar e entender sobre suas tarefas.

Vamos lá ?

	URGENTE	NÃO URGENTE
IMPORTANTE	**FAZER** Tarefas com prazos e consequências definidas se não tomar ação imediata.	**DECIDIR** Atividades sem um prazo definido, mas que o levam próximo de seus objetivos.
NÃO IMPORTANTE	**DELEGAR** Tarefas que precisam ser feitas, mas não precisam de tanta atenção.	**EXCLUIR** Distrações que podem atrapalhá-lo se feitas em excesso. Ok, se feitas com moderação.

"Ter essa habilidade,
de gerenciar nosso tempo,
também nos permite ter
uma visão clara das metas e
objetivos a serem alcançados,
possibilitando o planejamento
adequado e o aproveitamento
máximo das horas disponíveis."

Sophia Martins

CAPÍTULO 09

Sophia Martins

A arte de tomar decisões

Sophia Martins

Tive que aprender desde cedo a tomar decisões. Isso impactou meus resultados como empreendedora. Posso garantir que tomar decisões corretas é necessário para o sucesso de todo empreendedor. Cada escolha feita pode ter um impacto significativo em qualquer operação, na equipe e nos resultados financeiros de uma empresa, também na vida do empreendedor.

Uma decisão errada pode levar a perdas financeiras, falta de produtividade, insatisfação dos clientes e até mesmo ao fracasso da empresa. Porém, se tomar decisões acertadas, pode alavancar o crescimento, aumentar a eficiência e melhorar a sua reputação como empreendedor. Por esse motivo, você precisa entender a importância de tomar decisões corretas para desenvolver todas as habilidades necessárias e fazer ótimas escolhas.

Tomar decisões é uma arte que permeia todos os aspectos de nossas vidas e pode ser uma tarefa desafiadora e, muitas vezes, intimidante. Desde escolher o que vestir pela manhã até decidir qual caminho seguir em nossa carreira, constantemente nos deparamos com a necessidade de fazer escolhas.

Mas será que estamos tomando as melhores decisões? Será que estamos considerando todos os fatores relevantes antes de tomar uma posição? Afinal, nossas escolhas moldam o curso das nossas vidas e podem ter impactos significativos no futuro. Mas acredite, tomar decisões não precisa ser um processo estressante. Na verdade, é uma arte que pode ser dominada com prática e conscientização.

Nossa vida é repleta de escolhas. Desde as mais simples, como decidir o que vestir pela manhã, até as mais complexas, como escolher uma carreira ou até mesmo um parceiro de vida. Nossas decisões vão moldar nosso presente e futuro. Por esse motivo, é importante compreender o poder que temos em nossas mãos quando vamos tomar qualquer decisão, pois nos direcionará a um determinado resultado.

Quando decidimos tomar uma decisão, devemos considerar diversos fatores, como nossos valores, nossos princípios, metas e até verificar se nossas decisões não impactarão na vida da nossa família. Cada escolha que fazemos nos leva por um caminho diferente e pode ou não nos apresentar oportunidades únicas. Lembre-se de que não existe uma escolha certa ou errada, mas sim aquela que melhor se alinha com quem somos e o que desejamos alcançar.

Como já disse, reconhecer que nossas escolhas não apenas afetam a nós mesmos, como àqueles ao nosso redor, visto que podem influenciar nos relacionamentos que construímos, nas pessoas que gostamos, nas oportunidades que surgem em nossa vida e até mesmo na nossa felicidade e realização pessoal.

Com isso, passe a encarar as escolhas como uma ferramenta poderosa para criar a vida que deseja. Quando consegue entender o impacto das decisões e agir com consciência, acaba moldando seu presente e criando um futuro alinhado com os sonhos que tanto deseja e que vem planejando desde sempre.

Todas as vezes que tomamos decisões importantes em nossas vidas, é necessário considerar que existem alguns aspectos que precisamos olhar com carinho, antes de seguir adiante. Identifique por qual motivo deve tomar a tal decisão? O que vai acontecer se a decisão for tomada? E se não houver decisão nenhuma, o que pode acontecer?

Analise também os aspectos financeiros envolvidos, como custos, benefícios e possíveis riscos financeiros, leve em conta os aspectos emocionais e pessoais, você precisa saber como suas decisões impactarão sua vida e bem-estar. Considere as implicações sociais e éticas. Não se esqueça dos aspectos práticos, como logística, tempo disponível e recursos necessários. Fique atento a tudo e a todos os fatores para garantir que estará fazendo a melhor escolha.

E se houver indecisões?

Lidar com a incerteza acontece com qualquer pessoa, já aconteceu muito comigo, e isso pode ser um desafio assustador, especialmente quando estamos diante de tomadas de decisões. Diariamente me vejo na posição de tomar decisões importantes, mas nem sempre tenho certeza de que é o correto a se fazer. Quando isso acontece, parar para refletir tudo o que está envolvido faz-se necessário.

É natural desejarmos ter todas as informações disponíveis antes de escolhermos um caminho a seguir sobre nossas decisões, mas nem sempre isso é possível. Mas existem estratégias que podemos adotar para nos ajudar a tomar decisões mesmo quando a incerteza está presente.

Uma delas é confiar na intuição. Nosso coração sabe quando estamos errando. Muitas vezes, nosso instinto tem uma maneira de nos guiar na direção certa, mesmo quando não temos todos os fatos. Por isso, preste atenção aos sentimentos e emoções, pois podem fornecer pistas importantes sobre qual decisão tomar.

Outra estratégia útil é criar uma lista de prós e contras. Pessoalmente, prefiro ferramentas que me estimulem à ação. Embora possamos não ter todas as informações disponíveis, podemos analisar as informações que temos até o momento e avaliar os possíveis resultados positivos ou negativos de cada opção. Isso nos ajuda a visualizar melhor as possíveis consequências de cada escolha realizada.

Lembrando que, por mais que queiramos ter todas as respostas antes mesmo de decidir qual caminho seguir, às vezes, é necessário correr riscos e confiar em nossa capacidade de lidar com o desconhecido, mesmo porque isso nos traz uma experiência incrível. Com o tempo, aprendemos que a incerteza faz parte da vida e é por meio dela que crescemos e amadurecemos. Então, mesmo quando não temos todas as informações disponíveis, podemos encontrar maneiras de tomar decisões informadas e confiantes.

Confie em sua intuição

Muitas vezes nos pegamos questionando nossa intuição. Daí vamos buscar opinião de outras pessoas. Já passou por isso? Confiar em nossa intuição é uma habilidade poderosa quando precisamos tomar decisões importantes em nossas vidas. É preciso desenvolver confiança em nossa habilidade de tomar decisões ouvindo nossa intuição e acreditando na experiência pessoal. É um processo contínuo.

Uma maneira de fortalecer essa confiança é estar consciente de tudo que fizemos no passado, de todas as nossas experiências. Refletir sobre as vezes em que seguimos nossa intuição e obtivemos resultados positivos, mostrando que somos capazes de tomar boas decisões baseadas em nosso conhecimento interno, ou seja, acreditando em nós.

É importante aprender a ouvir e honrar nossa voz interior. Muitas vezes, a intuição se manifesta como um sentimento ou uma noção sutil; então, é essencial estar atento a esses sinais. A prática da meditação e de cultivar momentos de silêncio também pode ajudar a nos conectar com nossa intuição. A partir disso, desenvolvemos confiança em nossas habilidades de tomar decisões acreditando nesse conhecimento interno.

Quando confiamos em nossa intuição e na experiência pessoal, podemos tomar decisões alinhadas com quem realmente somos e o que realmente queremos. Embora seja bom buscar conselhos e informações com pessoas experientes, é importante lembrar que somos os especialistas nas próprias vidas. A confiança em nossa intuição é uma ferramenta valiosa para nos guiar no caminho certo.

Quando envolvemos outras pessoas por conta das nossas decisões

Quando tomamos decisões que podem afetar outras pessoas ou que têm impacto coletivo, precisamos envolver as partes interessadas e convidar para um diálogo. Afinal, as decisões tomadas sem considerar a opinião e perspectiva dos outros podem levar a consequências negativas e até mesmo a ressentimentos. Já passou por essa situação?

A consulta permite que todos os envolvidos expressem preocupações, ideias e expectativas, tornando o processo de tomada de decisão mais transparente. O diálogo aberto e honesto constrói relacionamentos saudáveis e de confiança, criando um ambiente propício para a colaboração e a troca de informações, sempre que necessário. Quando fazemos o que é certo e envolvemos outras pessoas na tomada de decisões, reconhecemos a importância de suas vozes e contribuições, fortalecendo a legitimidade das decisões tomadas em conjunto.

É muito importante que possamos fazer reflexões sobre como aprender com nossas decisões passadas. Assim, conseguimos ajustar o curso quando necessário e crescer por meio das experiências que vivemos ao longo do tempo.

Acredito que tenha percebido que a vida é uma jornada cheia de decisões; algumas, inclusive, podem resultar em consequências que não estamos esperando. Mas é importante entender que as consequências não são obstáculos, mas oportunidades para aprender e crescer. Todas as vezes que olhamos para trás lembrando todos os passos que demos, podemos refletir sobre todas as decisões que fizemos no passado. Com isso, ganhamos uma visão valiosa sobre nós mesmos e o mundo ao nosso redor.

Aprender com as experiências e consequências significa reconhecer nossos erros e admitir quando seguimos um caminho equivocado. Infelizmente, muitas pessoas não aprendem com os desafios enfrentados. Atribuir novos significados aos percursos exige coragem e humildade, ajustando sempre que necessário. Ao refletir sobre as experiências vividas, identificamos padrões de comportamento e pensamento que podem estar nos impedindo de alcançar nosso verdadeiro potencial.

"Oportunidades não acontecem. Você as cria."
Chris Grosser

O crescimento conquistado pelas experiências vividas envolve transformar as lições aprendidas em ações concretas. É um processo contínuo e aperfeiçoado a cada dia. Quando abraçamos as consequências como oportunidades de crescimento, somos capazes de evoluir como indivíduos e alcançar maior autenticidade em nossas vidas.

Cada decisão tomada tem o potencial de moldar nosso futuro. Enquanto convivemos com as consequências das escolhas passadas, damos um passo importante em direção a uma vida mais plena e significativa. Então, transformemos essas lições valiosas em sabedoria para seguir com confiança e determinação.

SINTETIZANDO AS IDEIAS...

Tomar decisões corretas é crucial para o sucesso dos negócios. Cada escolha feita pode ter um impacto significativo nos resultados financeiros de uma empresa e na vida do empreendedor. É importante compreender a importância das decisões empresariais para o crescimento e a sustentabilidade do negócio.

Tomar decisões é uma arte desafiadora, mas pode ser dominada com prática e conscientização. Devemos considerar diversos fatores, como valores, princípios, metas e impacto nas nossas vidas e na vida da nossa família.

A incerteza é inevitável, mas podemos confiar na nossa intuição e fazer uma lista de prós e contras para auxiliar nas decisões. Devemos honrar nossa voz interior e buscar o diálogo quando nossas decisões afetarem outras pessoas.

Aprender com as consequências é necessário para ajustar nosso curso e crescer como indivíduos. Cada decisão molda nosso futuro e nos permite evoluir para uma vida mais plena e significativa.

EM AÇÃO...

1- Como se sente todas as vezes que precisa tomar uma decisão?

2- Qual foi a melhor decisão que tomou na sua vida até hoje? O que essa decisão impactou na sua vida de empreendedor?

3- Qual foi a decisão que deixou de tomar e que teve consequência negativa para sua carreira?

4- Em relação à pergunta acima. O que teria acontecido de diferente, caso tivesse tomado a decisão correta?

5 - Faça uma lista de decisões que precisa tomar ainda este ano?

____

____

____

____

____

____

____

____

6 - Dessas decisões que anotou, qual delas pode impactar na vida de outras pessoas, positiva ou negativamente?

____

____

____

____

Agora que fez a sua lista, pegue a decisão mais importante e leve até um mentor, um *coach* ou alguém que tenha mais experiência que você e peça uma opinião. Muitas vezes, não estamos conseguindo enxergar soluções ou ideias que possam agregar para que tudo dê certo.

“A verdadeira essência do empreendedorismo reside na capacidade de não apenas ser um observador perspicaz ou um solucionador de problemas eficaz, e sim um criador audacioso.”

Sophia Martins

O empreendedorismo na visão de Fernando Pagliarini: a arte visionária do empreendedorismo

Empreender e empreendedorismo, para muitos, podem ser conceitos cuja compreensão se limita à identificação de problemas e ao desenvolvimento de soluções. Contudo, esta visão restrita não abrange a totalidade e a profundidade que esses termos carregam em seu cerne. Empreender transcende significativamente essa definição elementar, mergulhando em esferas que englobam a criação de cultura, a inovação constante e a habilidade de enxergar além do horizonte visível do mercado e das necessidades atuais.

A verdadeira essência do empreendedorismo reside na capacidade de não apenas ser um observador perspicaz ou um solucionador de problemas eficaz, porém um criador audacioso. A criação de cultura e a geração de demanda onde anteriormente não existia são atributos distintivos de um empreendedor visionário. Isso implica uma habilidade excepcional de antecipar ou moldar futuras tendências, de instigar novas necessidades e desejos no público, algo que não se limita à mera resposta ao que já é conhecido ou esperado.

Tal abordagem foi exemplificada por indivíduos como Sofia, mencionada no contexto inicial, que não se posiciona como uma mera espectadora do mercado, mas como uma pioneira na criação de cultura e necessidades. A trajetória de Sofia destaca uma verdade fundamental sobre o empreendedorismo: é uma jornada de construção e inovação contínuas, na qual o objetivo não é apenas responder ao mundo como ele é, mas imaginar e dar forma ao mundo como poderia ser.

Adotar essa postura de criador de tendências implica uma fusão entre o profissional e o pessoal cuja mentalidade empreendedora se infiltra em todas as áreas da vida. Este não é um papel que se desempenha apenas durante o horário comercial, é uma identidade que se carrega em todos os aspectos da existência. O empreendedorismo, assim, se torna menos sobre o que se faz e mais sobre quem se é: uma pessoa que vê possibilidades infinitas e tem a coragem e a criatividade para explorá-las.

Essa concepção de empreender como um estilo de vida ressalta a importância de ir além do tradicional. Não se trata apenas de criar empresas ou produtos, trata-se de moldar percepções, influenciar comportamentos e liderar movimentos. Este é o verdadeiro poder do empreendedorismo: a capacidade de não apenas mudar o mercado, como também de transformar a sociedade.

Portanto, sob essa luz ampla e profunda, o empreendedorismo reconhece que essas práticas são sobre impactar o mundo de maneira significativa. É sobre ser um agente de mudança que, por meio da inovação e da criação, impulsiona a sociedade, desafiando o *status quo*, inspirando outros a fazer o mesmo. Assim, o legado de um empreendedor transcende os produtos ou serviços que cria, é medido pela capacidade de inspirar uma nova maneira de pensar, viver e interagir.

Dessa forma, vejo o empreendedorismo quando falamos da Sophia Martins. Nosso primeiro encontro ocorreu durante o maior evento de mercado imobiliário da América Latina, o Conecta Imob. Compartilhamos o camarim e, desde então, fiquei impressionado com sua capacidade e presença marcante. Sua trajetória e realizações eram evidentes em cada conversa que tínhamos. Não demorou muito para eu perceber que toda a aura que envolvia o nome de Sophia era absolutamente verdadeira.

Ao longo dos anos, tivemos a oportunidade de nos encontrar em diversos eventos, sempre trocando ideias e discutindo as possibilidades que a presença dela poderia trazer para o mercado. Eu sempre tive o desejo de tê-la como parte do nosso time, uma figura feminina tão relevante e respeitada quanto Sophia, se não mais em alguns nichos específicos. Sua capacidade de alcançar tanto, a partir de recursos limitados e sua história é um testemunho de determinação, resiliência e habilidade em transformar desafios em oportunidades.

Fernando Pagliarini
CEO da primeira agência de talentos
do mercado imobiliário - HIPERNOVA

CAPÍTULO 10

Sophia Martins

O poder da comunicação no empreendedorismo

Sophia Martins

Por todas as experiências que passei na minha vida, posso garantir que, sem uma comunicação assertiva, dificilmente um empreendedor vai conseguir atingir o sucesso. Eu sei que algumas pessoas possuem mais facilidade que outras; nesse caso, é importante que compreenda qual seu nível de dificuldade com a comunicação. Esse é o primeiro passo para que comece um processo de melhoria com essa competência.

No coração de todo empreendedor bem-sucedido, reside uma habilidade que é tão valiosa quanto qualquer ideia revolucionária ou estratégia brilhante - a habilidade de se comunicar bem. A comunicação é a base sobre a qual são construídos relacionamentos sólidos, parcerias estratégicas e equipes coesas.

É isso que vim contar neste capítulo, pois o poder da comunicação no mundo empresarial pode influenciar os resultados de um empreendedor. E é sobre isso que devemos nos preocupar, certo?

A comunicação de alguém que quer empreender deve ser de forma clara, persuasiva e assertiva. Quem assim faz consegue estabelecer relacionamentos, liderar equipes, negociar acordos, construir uma imagem empreendedora positiva e enfrentar os desafios do mundo dos negócios.

Independentemente do seu cargo ou setor de atuação, dominar a comunicação no mundo dos negócios abrirá milhares de portas para oportunidades e crescimento profissional, também transformará essa habilidade em uma poderosa vantagem competitiva.

Você já esteve em algum ambiente empresarial e percebeu que o clima não estava muito agradável? Um funcionário falando mal do outro, ou até mesmo da liderança, colegas se alfinetando, enfim, é provável que a comunicação nesse lugar esteja comprometida.

A comunicação é importantíssima para o ambiente empresarial, desde a comunicação interna entre colaboradores até a comunicação externa com clientes, fornecedores e parceiros de negócios. A comunicação empresarial adequada promove o alinhamento de objetivos, facilita a colaboração entre equipes e departamentos, fortalece a cultura organizacional. E o papel do empreendedor ou dono de empresa é reconhecer isso.

Quando os funcionários conseguem se expressar de forma clara, têm liberdade de expressão e conseguem compreender as informações recebidas, a produtividade aumenta e os processos internos fluem de maneira mais eficiente. Sem contar que a comunicação empresarial, quando feita de maneira eficaz, contribui para a construção da imagem e da reputação tanto da empresa quanto do empreendedor.

A forma como uma organização se comunica com seus clientes e parceiros influencia a percepção que eles têm da marca. Uma comunicação transparente, honesta e empática pode conquistar a confiança do público e diferenciar uma empresa da concorrência.

Atualmente, a tecnologia toma conta de tudo, a comunicação digital também se tornou fundamental para as empresas. As pessoas estão engajadas cada vez mais por e-mails, mensagens instantâneas, redes sociais e outros canais digitais, nos quais a comunicação vem de forma ágil e eficiente, alcançando um público mais amplo e diversificado.

Contudo, a comunicação empresarial vai além do uso de ferramentas e tecnologias. Ela envolve habilidades interpessoais, como escuta ativa, empatia, inteligência emocional e capacidade de adaptação. É preciso compreender as necessidades e expectativas do público-alvo, ajustar a linguagem e o tom de acordo com cada situação e transmitir a mensagem de forma clara, concisa e persuasiva.

"Eu não sou um produto de minhas circunstâncias.
Eu sou um produto de minhas decisões."
Stephen Covey

No ambiente de trabalho, como podemos falar sobre a comunicação verbal, já que temos tanta tecnologia tomando conta do dia a dia?

No mundo dos negócios, é preciso saber se expressar de maneira adequada em reuniões, apresentações e conversas cotidianas. Uma boa comunicação verbal ajudará a transmitir informações de maneira clara, evitar mal-entendidos e construir relacionamentos seguros.

Para se comunicar verbalmente gerando resultados, precisará praticar a escuta ativa, ou seja, prestar mais atenção ao que os outros estão dizendo, fazer perguntas pertinentes e demonstrar interesse genuíno, pois quem escuta ativamente compreende melhor as necessidades e perspectivas das outras pessoas, facilitando a troca de informações e a resolução de problemas.

Você pode também desenvolver habilidades de expressão verbal. Utilizando uma linguagem clara e objetiva, evitando jargões ou termos técnicos desnecessários. Adaptar o tom de voz e o ritmo da fala de acordo com a situação vai auxiliá-lo a transmitir a mensagem de forma adequada.

A comunicação verbal não se resume apenas às palavras ditas. A linguagem corporal também vai interferir em todo o processo. A postura, o contato visual e os gestos devem transmitir confiança, credibilidade e empatia. Se levar em conta tudo isso, com certeza terá muitas portas abertas no mundo do empreendedorismo.

A comunicação de palavras não ditas, que é a comunicação não verbal, influencia diretamente nos negócios. Mesmo que muitas vezes não estejamos conscientes, nossa linguagem corporal, expressões faciais, gestos e postura enviam mensagens poderosas para aqueles com quem interagimos. Acontece um impacto na percepção que a comunicação não verbal tem sobre as interpretações das outras pessoas.

Um contato visual adequado, por exemplo, demonstra interesse e confiança. Porém, é importante encontrar um equilíbrio, pois um contato visual excessivo pode ser interpretado como intimidante, enquanto um contato visual insuficiente pode transmitir falta de interesse ou insegurança.

A postura corporal também é um elemento da comunicação não verbal. Manter uma postura ereta e aberta transmite confiança e autoridade, enquanto uma postura encurvada ou fechada pode transmitir desinteresse ou falta de autoconfiança. Você já teve uma experiência na qual notou que alguém não estava bem ou não estava falando a verdade por causa da postura corporal?

Os gestos e expressões faciais também fazem parte da comunicação não verbal. Gestos naturais e expressões faciais congruentes com a mensagem transmitida ajudam a reforçar a clareza e a credibilidade da comunicação. Para as pessoas que são mais agitadas e caricatas, é importante evitar gestos excessivos ou expressões faciais contraditórias, pois podem causar confusão ou transmitir mensagens equivocadas.

Além de tudo isso, estar atento aos sinais não verbais das outras pessoas também é importante para a comunicação. A capacidade de interpretar corretamente a linguagem corporal dos colegas, parceiros de negócios e clientes pode fornecer informações valiosas sobre pensamentos, emoções e intenções. Isso permite ajustar sua comunicação de acordo e estabelecer uma conexão mais eficaz.

Comunicação escrita nas empresas

Desde os primórdios, a comunicação escrita é a ferramenta mais poderosa para registrar informações, transmitir ideias complexas, estabelecer acordos e manter um registro organizado, tanto na vida profissional de grandes empresários como na vida pessoal de relacionamentos.

Para ter sucesso em todas as áreas ou níveis hierárquicos, é preciso dominar a habilidade de se comunicar por escrito com atenção em todos os detalhes, organização e uso adequado da linguagem. Muitas empresas, antes de contratar, em entrevistas, faz uso de testes para identificar a escrita de seus candidatos, tamanha importância que tem saber escrever de forma correta.

No ambiente digital, a comunicação escrita é ainda mais relevante. O uso de e-mails, mensagens instantâneas e outros meios eletrônicos exige uma escrita ainda mais clara e concisa. É importante evitar ambiguidades, ser objetivo e cuidadoso ao interpretar a intenção das palavras escritas, uma vez que a comunicação não verbal é reduzida nesses meios.

A comunicação escrita também inclui a produção de conteúdo para blogs, sites corporativos e mídias sociais. O *marketing* de conteúdo tornou-se uma estratégia importante para as empresas se comunicarem com o público-alvo. Quando produzimos conteúdos interessantes e que cativam nosso público, conseguimos atrair e engajar nossos clientes, além de fortalecer a presença on-line da empresa.

Independentemente se está começando no seu mundo empreendedor ou se já é uma pessoa com anos de experiência, deve-se atentar sempre na comunicação escrita, pois isso vai permitir que transmita suas ideias de maneira clara, influente e profissional.

A importância da comunicação interpessoal no ambiente de trabalho

Eu me arrisco a dizer que, sem comunicação interpessoal em um ambiente profissional, raramente a pessoa terá sucesso, pois influencia a forma como nos relacionamos com colegas, colaboradores, superiores e clientes.

Esse tipo de comunicação refere-se à troca de informações, ideias e sentimentos entre duas ou mais pessoas. É por meio dela que construímos relacionamentos sólidos, promovemos a colaboração e alcançamos objetivos comuns.

E como praticar a comunicação interpessoal? Ouvindo com mais atenção todas as pessoas que compartilham ideias, sem interromper ou julgar. É uma demonstração de respeito e empatia, permitindo que a pessoa se sinta valorizada e compreendida.

Quando fazemos assim, somos capazes de compreender melhor as necessidades, preocupações e perspectivas das outras pessoas, facilitando a resolução de problemas e o estabelecimento de relacionamentos harmoniosos. Ser capaz de expressar ideias e opiniões de forma clara e direta, sem ser agressivo ou passivo, é fundamental para evitar mal-entendidos e conflitos. A comunicação assertiva permite que defenda seus interesses e necessidades, ao mesmo tempo em que respeita os direitos e perspectivas dos outros.

A comunicação interpessoal também envolve o reconhecimento e a expressão de emoções de maneira adequada. Ser capaz de expressar suas emoções de forma assertiva e respeitosa, bem como reconhecer e lidar com as emoções dos outros, promove um ambiente de trabalho saudável e colaborativo.

Já falamos de diversos tipos de comunicação, mas não posso deixar de mencionar a comunicação virtual, pois se tornou uma parte essencial do ambiente de trabalho, com o avanço da tecnologia e a globalização dos negócios.

A comunicação virtual refere-se à troca de informações por meio de canais eletrônicos, como e-mails, mensagens instantâneas, videoconferências e plataformas de colaboração on-line. Embora ofereça muitas vantagens, como a rapidez na transmissão de informações e a possibilidade de se conectar com pessoas de diferentes partes do mundo, a comunicação virtual também apresenta desafios únicos.

O maior desafio da comunicação virtual é a falta de sinais não verbais e a possibilidade de interpretações equivocadas. Sem a linguagem corporal e as expressões faciais, é fácil mal interpretar o tom ou a intenção de uma mensagem escrita. É essencial utilizar uma linguagem clara e objetiva, além de considerar o contexto e adaptar-se às características do meio virtual.

Outro desafio da comunicação virtual é a gestão do tempo e da disponibilidade, com a facilidade de se comunicar a qualquer momento e de qualquer lugar. Nesse caso, não se esqueça de estabelecer limites e expectativas claras sobre a resposta a mensagens e e-mails. Tenha em mente que todos têm diferentes horários e responsabilidades, nem sempre é possível responder imediatamente.

É muito importante ser cuidadoso e ter habilidades na comunicação virtual. A capacidade de transmitir ideias de forma clara, concisa e persuasiva é necessária para garantir que a mensagem seja compreendida corretamente e tenha o impacto desejado. Revisar cuidadosamente as mensagens antes de enviá-las e utilizar recursos como negrito e itálico para destacar informações importantes podem ajudar a transmitir sua mensagem de maneira mais eficaz.

Para quem vive no mundo dos negócios assim como eu, sabe que a negociação é um processo de interação entre duas ou mais partes, em que diferentes interesses, necessidades e perspectivas são considerados na busca por um acordo. A comunicação é o centro na negociação; por meio dela, expressamos nossos objetivos, ouvimos as propostas das outras partes e buscamos um terreno comum.

Uma comunicação efetiva na negociação envolve a clareza na expressão de interesses e objetivos. Utilizar uma linguagem assertiva e evitar ambiguidades ajudará a evitar mal-entendidos e a transmitir confiança na busca por soluções mutuamente satisfatórias.

Sem esquecer da escuta ativa, pois precisará ouvir atentamente as propostas e preocupações das outras partes, demonstrando empatia e compreensão. Por meio da escuta ativa, é possível identificar interesses comuns, pontos de acordo e áreas que precisam ser negociadas para alcançar um acordo justo.

Assim como qualquer equipe de trabalho, na qual a comunicação se torna a peça-chave para o funcionamento harmonioso e produtivo de equipes de trabalho, uma equipe bem-sucedida depende de uma comunicação clara, aberta e transparente, pois os membros podem compartilhar informações, ideias, *feedback* e coordenar esforços para alcançar metas comuns, promovendo a confiança, o respeito e o fortalecimento dos relacionamentos interpessoais. A comunicação nas equipes envolve não apenas a transmissão de informações, mas também a capacidade de ouvir e compreender os outros membros dela.

É por meio da liderança que os líderes podem inspirar, motivar e guiar suas equipes. Um bom líder é capaz de articular uma visão clara e inspiradora, transmitir metas e direcionar o caminho a seguir. Ele deve ser capaz de se comunicar de forma assertiva, transmitindo confiança e entusiasmo aos outros.

A comunicação como ferramenta de liderança também inclui a habilidade de fornecer um *feedback* construtivo e uma orientação. Um líder deve ser capaz de comunicar, de forma clara e objetiva, o desempenho individual e coletivo, identificando áreas de melhoria e oferecendo suporte para o desenvolvimento profissional. O *feedback* deve ser direcionado, específico e fornecido de maneira respeitosa, com o objetivo de impulsionar o crescimento e o aprimoramento.

SINTETIZANDO AS IDEIAS...

A comunicação desempenha um papel fundamental no sucesso empresarial. É essencial compreender seu nível de habilidade na comunidade.

A comunicação interna e externa é vital no ambiente empresarial, promovendo alinhamento de objetivos e cultura organizacional. Uma comunicação eficaz desenvolve a confiança da empresa.

A comunicação digital também é crucial nos tempos atuais, mas habilidades interpessoais, como escuta ativa, empatia e adaptação são igualmente importantes.

A comunicação verbal é vital em reuniões, apresentações e conversas de negócios. Praticar a escuta ativa e a expressão clara é essencial para transmitir informações e construir relacionamentos. A postura, o tom de voz e a linguagem corporal são cruciais para transmitir confiança e empatia.

A comunicação não verbal, incluindo contato visual, postura, gestos e expressões verbais, desempenha um papel poderoso na percepção das mensagens. É importante equilibrar esses elementos para evitar interpretações equivocadas.

A comunicação escrita é fundamental na transmissão de informações e na manutenção de registros organizados. A comunicação escrita digital requer clareza e concisão para evitar ambiguidades. O *marketing* de conteúdo é uma estratégia importante para o envolvimento do público.

A comunicação interpessoal é vital nas relações profissionais, permitindo construir relacionamentos sólidos, promover a colaboração e alcançar objetivos comuns. Ouvir com atenção, expressar ideias com clareza e lidar com emoções de maneira adequada são componentes-chave.

A comunicação virtual, incluindo e-mails e videoconferências, é essencial no ambiente de trabalho moderno, mas apresenta desafios, como a falta de sinais não verbais. A clareza na escrita e a gestão do tempo são cruciais para uma comunicação virtual eficaz.

A comunicação desempenha papel central na negociação, exigindo rigorosa expressão de interesses e escuta ativa. Equipes de trabalho bem-sucedidas dependem de comunicação clara, aberta e transparente, com líderes capazes de inspirar, motivar e guiar por meio da comunicação assertiva e *feedback* construtivo.

“A comunicação empresarial adequada promove o alinhamento de objetivos, facilita a colaboração entre equipes e departamentos, fortalece a cultura organizacional. E o papel do empreendedor ou dono de empresa é reconhecer isso.”

Sophia Martins

CAPÍTULO 11

Sophia Martins

Como empreender com planejamento financeiro

Sophia Martins

Imagine que você está prestes a fazer uma longa viagem de carro, mas decide não organizar um roteiro, verificar o combustível ou planejar paradas para descanso. O que aconteceria? Provavelmente, ficaria perdido, sem gasolina e exausto. O mesmo vale para o mundo dos negócios. Sem um planejamento financeiro adequado, seu empreendimento pode enfrentar desafios e você não se preparou para isso.

O planejamento financeiro é a base de qualquer negócio bem-sucedido, já que ajuda a entender a situação atual das finanças no momento de definir metas realistas e criar um plano para alcançá-las. Também permite que esteja preparado para enfrentar reviravoltas no mercado e aproveitar oportunidades quando surgirem.

Mas o que é necessário para um planejamento financeiro que funcione de verdade? O primeiro passo é fazer uma análise detalhada de suas finanças atuais. Isso inclui examinar balanço patrimonial, demonstrativo de resultados e fluxo de caixa. Ter uma compreensão de onde está financeiramente é importante para definir metas que se encaixam na sua realidade.

Coloque em uma planilha suas metas financeiras de forma clara e alcançável para seu negócio. Essas metas devem ser específicas, mensuráveis, alcançáveis, relevantes e com prazo definido - use o plano de ação SMART, já explicado neste livro. Isso ajuda a manter o foco e a motivação para seguir adiante.

Elabore um orçamento detalhado que inclua todas as despesas operacionais, pegue todos os seus investimentos planejados e receitas projetadas e coloque em sua planilha. O orçamento serve como um guia para garantir que esteja gastando seu dinheiro de forma eficaz e que está no caminho certo para atingir suas metas.

Sem dúvida nenhuma, um plano financeiro não é algo estático, deve ser revisado e ajustado regularmente. Acompanhe suas finanças de perto, compare seu desempenho real com o planejado e faça ajustes conforme necessário. Isso ajuda a manter seu negócio adaptado às mudanças do mercado.

Empreendedores de sucesso não apenas pensam no momento atual em que vivem, também planejam para o futuro. Luiza Helena Trajano, por exemplo, que admiro muito, construiu um negócio com base em estratégias de longo prazo. Ela expandiu sua presença nacional e investiu em tecnologia para atender melhor seus clientes.

Manter a transparência nas finanças é fundamental, tanto com sua equipe quanto com investidores e parceiros. A transparência inspira confiança e pode atrair investimentos necessários para o crescimento de seu negócio.

"Em primeiro lugar, tenha um ideal prático e definitivo; uma meta, um objetivo. Em segundo lugar, disponha dos meios necessários para

atingir seus fins; sabedoria, dinheiro, materiais e métodos. Em terceiro lugar, ajuste todos os meios para esse fim."
Aristóteles

Luiza Helena Trajano é um exemplo de empreendedora que compreendeu a importância da gestão financeira sólida. Ela entendeu que as finanças saudáveis são essenciais para a sobrevivência e o crescimento do seu negócio. A gestão financeira inteligente não se trata apenas de lucrar, como de gerenciar recursos com eficiência.

Analisando tudo que é fundamental para um empreendedor ter uma boa gestão financeira, depois de muitos investimentos que realizei e da organização sobre minha gestão financeira, percebo que é necessário ter um método que o oriente sobre o caminho que todos devem seguir. Por esse motivo, deixo aqui o que funciona para mim:

- **Tenha um controle de despesas:** monitore e controle suas despesas de perto. Identifique áreas em que é possível economizar. Sabe quando colocamos numa planilha tudo que entra e sai? De forma simples mesmo, só assim, conseguimos visualizar o que realmente está acontecendo com nossas receitas. Um plano financeiro sólido é essencial para definir metas financeiras de curto e longo prazo e traçar um caminho para alcançá-las. Isso inclui orçamentos, projeções financeiras e estratégias para lidar com situações imprevistas;
- **Desenvolva um orçamento que estabeleça metas de receita e despesa.** Cumpra-o rigorosamente. Dessa forma, fica fácil saber de todos os gastos, além

de perceber que tem muita coisa que poderá ser eliminada, e outras agregadas ao seu orçamento. Com esse controle, fica fácil saber até onde pode ir com suas contas;

- **Mantenha um controle eficiente do fluxo de caixa para garantir que tenha recursos suficientes para operar e investir.** O fluxo de caixa é a vida de qualquer negócio. A gestão financeira eficiente permite que os empreendedores acompanhem de perto a entrada e a saída de dinheiro, garantindo que haja recursos suficientes para atender às obrigações financeiras e investir no crescimento da empresa. Procure um software que o ajude nesse controle, para que possa visualizar todo o processo de entrada e saída;
- **Tenha uma gestão de dívidas:** gerencie cuidadosamente qualquer dívida que seu negócio possa ter. Evite acumular dívidas excessivas que possam prejudicar sua estabilidade financeira. Com o controle que citei acima, ficará muito mais fácil;
- **Faça investimentos estratégicos que estejam alinhados com seus objetivos de negócios e que tragam retorno financeiro.** Tenho certeza de que sabe até onde pode ir com suas contas;
- **Reduza despesas desnecessárias e analise as atuais,** identificando em quais áreas é possível cortar custos sem comprometer a qualidade ou a eficiência operacional;
- **Diversifique as fontes de receita:** evite depender muito de um único cliente ou fonte de receita. Diversificar suas fontes de renda pode ajudar a reduzir o risco financeiro;

- **Esteja preparado para emergências:** mantenha uma reserva de emergência para lidar com despesas inesperadas ou períodos de dificuldade financeira. Isso garantirá que sua empresa possa enfrentar desafios imprevistos;
- **Busque orientação profissional:** considere a contratação de um contador ou consultor financeiro para orientá-lo em questões financeiras complexas e garantir que esteja em conformidade com as regulamentações fiscais.

SINTETIZANDO AS IDEIAS...

- **Planejamento Financeiro:** é a base para o sucesso empresarial, ajudando a entender a situação financeira atual, definindo metas realistas e criando um plano para alcançá-las.
- **Análise Financeira:** inclui a análise de balanços, demonstrativos de resultados e fluxo de caixa para ter uma compreensão clara da situação financeira atual.
- **Metas SMART:** defina metas financeiras específicas, mensuráveis, alcançáveis, relevantes e com prazo definido para manter o foco e a motivação.
- **Orçamento Detalhado:** elabore um orçamento abrangente que inclua todas as despesas operacionais, investimentos e receitas projetadas.
- **Revisão Regular:** um plano financeiro deve ser revisado e ajustado regularmente para se adaptar às mudanças do mercado.
- **Pensamento de Longo Prazo:** empreendedores de sucesso planejam não apenas para o presente, também para o futuro, investindo em estratégias de longo prazo.
- **Transparência Financeira:** mantenha a transparência nas finanças com sua equipe, investidores e parceiros para inspirar confiança.

- **Controle de Despesas:** monitore e controle de perto as despesas, identificando áreas de economia e eliminando gastos desnecessários.
- **Fluxo de Caixa Eficiente:** mantenha um controle eficiente do fluxo de caixa para garantir recursos suficientes para operar e investir.
- **Gestão de Dívidas:** gerencie cuidadosamente as dívidas do negócio para evitar impactos negativos na estabilidade financeira.
- **Investimentos Estratégicos:** faça investimentos alinhados aos objetivos de negócio e que tragam retorno financeiro.
- **Redução de Despesas:** identifique áreas para cortar custos sem comprometer a qualidade ou eficiência.
- **Diversificação de Receitas:** evite depender de um único cliente ou fonte de receita, reduzindo o risco financeiro.
- **Reserva de Emergência:** mantenha uma reserva para lidar com despesas inesperadas ou dificuldades financeiras.
- **Orientação Profissional:** considere contratar um contador ou consultor financeiro para lidar com questões complexas e regulamentações fiscais.

EM AÇÃO...

1- Analisando o estado financeiro do seu negócio hoje, como classificaria:

a. Estágio inicial - não entendo sobre gestão financeira.

b. Estágio mediano - sei fazer algumas coisas, mas sinto que preciso melhorar.

c. Tenho apoio de contador, mentor e outros profissionais da área.

2 - Após a resposta acima, considerando o item "a" ou "b": O que o impede hoje de cuidar da gestão financeira da sua empresa?

____

____

____

3 - De 0 a 10, como está a organização da sua empresa?

Controle das despesas Nota: ______

Planilha de orçamento Nota: ______

Controle de fluxo de caixa Nota: ______

Gestão de dívidas Nota: ______

Fontes de receita Nota: ______

Receita caso tenha emergências Nota: ______

Orientador profissional Nota: ______

Agora que deu nota para cada item importante a ter na sua empresa, consegue ter uma ideia de tudo que precisa organizar. Não deixe para depois, muitas empresas e empreendimentos fecham por falta de organização estratégica.

“Empreendedores de sucesso não apenas pensam no momento atual em que vivem, mas planejam para o futuro.”

Sophia Martins

O empreendedorismo no olhar de Igor Santos: inspirando transformações

No meu ponto de vista, os grandes empreendedores possuem uma capacidade quase mágica de inspirar pessoas, movendo-as não apenas a seguir seus passos, mas também a acreditar em si mesmas e nas possibilidades infinitas que o futuro reserva. Essa inspiração não se limita apenas ao âmbito dos negócios; se estende a todos os aspectos da vida, encorajando indivíduos a perseguirem suas paixões, superarem obstáculos e realizarem seus sonhos mais ambiciosos.

O poder de um grande empreendedor para inspirar reside, em grande parte, em sua visão. São pessoas capazes de ver além do presente, imaginando um futuro que outros ainda não podem perceber. Essa visão não é apenas um sonho distante, é um chamado à ação, uma convocação para que outros se juntem na jornada de transformação. Eles compartilham sua visão com paixão e convicção, contagiando todos ao seu redor com a crença de que o impossível pode, de fato, ser alcançado.

O que mais me impressionou em Sophia foi sua habilidade de transcender barreiras e inspirar tanto homens quanto mulheres. Sua palestra em nosso principal evento - o Fórum Regional do Mercado Imobiliário, o maior evento imobiliário do Nordeste, que reúne profissionais de toda a cadeia do mercado imobiliário -, não apenas cativou o público presente, como transformou vidas e deixou uma marca duradoura em todos os que lhe assistiram. Ela dividiu o palco com grandes nomes do mercado e se destacou, provando ser uma líder e uma inspiração para todos.

Desde o primeiro contato, fiquei impressionado com sua presença marcante e sua capacidade de compartilhar conhecimento de forma cativante. Selecioná-la como palestrante para o Fórum do ano passado foi uma decisão que superou todas as nossas expectativas. Antes de não ser tão conhecida na região do Nordeste, Sophia conseguiu conectar-se de forma extraordinária com o público, tornando-se uma das palestras mais importantes e bem recebidas do evento. Agora, é um sucesso.

É exatamente isso que vejo em pessoas que empreendem de verdade. A resiliência e a persistência desses líderes servem como uma fonte de inspiração. Eles enfrentam desafios, fracassos e até mesmo rejeições, mas em vez de desistirem, usam essas experiências como degraus para o crescimento e o aprendizado. A maneira como se levantam após cada queda demonstra que o sucesso é, muitas vezes, resultado da perseverança e da recusa em aceitar a derrota como final.

Empreendedores inspiradores também possuem uma notável habilidade de liderança que motiva as pessoas a darem o melhor de si. Eles cultivam ambientes em que a criatividade e a inovação são incentivadas, falhas são vistas como oportunidades de aprendizado e cada membro da equipe se sente valorizado e parte integral do sucesso coletivo. Essa cultura de empoderamento e inclusão faz com que as pessoas não apenas admirem o líder, assim como se vejam como agentes de mudança capazes de contribuir significativamente para o projeto comum.

O compromisso de um grande empreendedor com valores como integridade, ética e responsabilidade social amplia seu impacto inspirador. Demonstrando que é possível alcançar o sucesso enquanto se faz o bem, redefinindo as medidas de sucesso no mundo dos negócios e encorajando uma nova geração de empreendedores a seguir um caminho que também valorize a contribuição positiva para a sociedade.

A capacidade de inspirar é, portanto, um dos maiores poderes de um empreendedor. Mais do que apenas construir empresas de sucesso, molda mentalidades, transforma comunidades e deixa um legado duradouro que vai muito além de seus empreendimentos comerciais. São esses líderes visionários que lembram que, com paixão, perseverança e propósito, não há limites para o que podemos alcançar.

Para mim, Sophia representa não apenas uma figura influente no mercado imobiliário, também é um exemplo inspirador de como a obstinação e o comprometimento podem levar ao sucesso. Estou profundamente grato por tê-la conhecido e por termos tido a oportunidade de colaborar juntos. Seu talento e sua contribuição são inestimáveis, tenho certeza de que seu impacto continuará a ser sentido por muitos anos.

Igor Santos

PSIU Educação Corporativa

CAPÍTULO 12

Sophia Martins

A importância da inteligência artificial na atualidade

Sophia Martins

Eu gosto de história, e você? Foram histórias interessantes como essa que me fizeram não querer parar de evoluir nunca. Por esse motivo, pesquisei muito sobre o surgimento da era digital e percebi que, desde os primórdios da civilização humana, a busca incessante por avanço e inovação tem sido uma constante.

Foi essa jornada que nos levou a várias revoluções industriais, cada uma transformando a sociedade de maneiras inimagináveis. A mais recente e, talvez, a mais impactante de todas é a era digital, uma revolução que está redefinindo a forma como vivemos, trabalhamos e nos relacionamos.

Quem já se aventurou em saber sobre os primeiros dias da computação? Na década de 1940, máquinas como o ENIAC (*Electronic Numerical Integrator and Computer*) marcaram o início da era da computação. Eram dispositivos enormes, ocupando salas inteiras, com a capacidade de realizar cálculos complexos em uma fração do tempo que levaria manualmente.

Esses primeiros computadores eram predominantemente usados para fins militares e científicos. No entanto, a inovação continuou e, nos anos seguintes, a computação começou a se infiltrar em outras áreas da sociedade.

Mas a verdadeira revolução digital mesmo começou com o desenvolvimento do microprocessador na década de 1970. O microprocessador, um chip de computador que incorpora as funções de uma unidade central de processamento em um único circuito integrado, permitiu a criação de computadores pessoais.

O Apple II, lançado em 1977, e o IBM PC, lançado em 1981, foram alguns dos primeiros computadores pessoais a ganhar popularidade. Eles não eram apenas acessíveis a uma gama mais ampla de consumidores, bem como ofereciam uma variedade de usos, desde processamento de texto até jogos, iniciando uma revolução na maneira como as informações eram processadas e compartilhadas.

Depois veio o milagre: a introdução da internet democratizou o acesso à informação, conectou o mundo de maneiras sem precedentes e foi o catalisador para a era da informação. Ela pavimentou o caminho para inovações como o comércio eletrônico, as redes sociais e a computação em nuvem.

Então, tivemos o surgimento dos *smartphones* no início do século 21, que marcou o próximo grande salto na era digital. O lançamento do iPhone da Apple em 2007 e a subsequente proliferação de *smartphones* Android transformaram a forma como interagimos com a tecnologia e uns com os outros.

A era digital transformou radicalmente o cenário econômico e social. Ela deu origem a novos modelos de negócios, como a economia compartilhada, e remodelou setores inteiros, desde o varejo até a mídia. A digitalização de serviços e produtos tem sido uma força motriz para a inovação e o crescimento econômico.

Ao mesmo tempo, a era digital trouxe desafios únicos. Questões como privacidade de dados, segurança cibernética e o impacto da automação no emprego são preocupações centrais na sociedade contemporânea.

A era digital, com todas as suas inovações e desafios, evolui sem parar. Com o surgimento de tecnologias como a inteligência artificial, a realidade aumentada e a Internet das Coisas, estamos apenas começando a compreender o verdadeiro potencial dessa revolução. À medida que avançamos, é importante que façamos isso com uma consideração cuidadosa sobre como essas tecnologias afetam nossa sociedade, economia e vida cotidiana.

"A inteligência artificial pode descobrir soluções para problemas do passado, que mudarão a nossa forma de resolver os mesmos problemas no futuro."

Dawiny Bastos

O impacto da IA no empreendedorismo mundial

A Inteligência Artificial (IA) tem sido um dos principais propulsores de inovação e mudança no empreendedorismo mundial. E, de antemão, já digo: não pode ficar de fora de todas as oportunidades que ela traz. Sua influência estende-se por todos os setores, redefinindo modelos de negócios, criando mercados e transformando a maneira como as empresas operam.

O empreendedorismo sempre foi sobre inovação, mas a IA introduziu uma nova onda de possibilidades criativas. *Startups* baseadas em IA estão liderando a carga, oferecendo soluções inovadoras que vão desde o aprimoramento da experiência do cliente até a otimização de processos operacionais e a tomada de decisões estratégicas baseadas em dados.

Uma das contribuições mais significativas da IA para o empreendedorismo é sua capacidade de personalizar em escala. Empresas como a Netflix e a Amazon usam algoritmos de IA para fornecer recomendações personalizadas a milhões de usuários. Para os empreendedores, isso significa que agora é possível oferecer um alto nível de personalização, anteriormente possível apenas em uma operação de boutique, para uma base de clientes muito mais ampla.

A IA também está revolucionando as operações internas das empresas. Por meio da automação de processos robóticos (RPA), as máquinas agora podem executar tarefas repetitivas que antes eram realizadas por humanos. Isso não apenas aumenta a eficiência e reduz custos, como permite que os colaboradores se concentrem em tarefas mais estratégicas e criativas.

A capacidade da IA de processar e analisar grandes volumes de dados está transformando a tomada de decisão em negócios. Com *insights* mais profundos e predições mais precisas, os empreendedores podem tomar decisões baseadas em evidências, reduzindo riscos e identificando novas oportunidades de mercado.

O crescimento da IA também está alterando o mercado de trabalho. A demanda por habilidades técnicas relacionadas à IA disparou, enquanto algumas funções tradicionais estão sendo redefinidas ou tornando-se obsoletas. Os empreendedores devem agora considerar não apenas como podem utilizar a IA em seus produtos e serviços, mas também como podem desenvolver uma força de trabalho capaz de trabalhar ao lado de máquinas inteligentes.

Porém, com grandes poderes, vêm grandes responsabilidades. A IA introduziu complexidades éticas e regulatórias no empreendedorismo. Questões sobre viés algorítmico, privacidade de dados e controle sobre decisões automatizadas são agora de suma importância. Empreendedores responsáveis precisam considerar essas questões e trabalhar em conformidade com regulamentos como o GDPR (*General Data Protection Regulation*) da União Europeia.

Olhando para o futuro, é evidente que a IA continuará a ser um fator determinante no mundo dos negócios. A convergência da IA com outras tecnologias emergentes, como *blockchain* e Internet das Coisas (IoT), promete levar o empreendedorismo a novas fronteiras. Os empreendedores que adotarem a IA não apenas como uma ferramenta, e sim um componente central de suas estratégias de negócios estarão na vanguarda dessa nova era.

A IA não é apenas uma tendência tecnológica passageira, é um catalisador fundamental para o empreendedorismo no século 21. Ela está moldando o futuro do trabalho, impulsionando a inovação e redefinindo o que é possível nos negócios. À medida que avançamos na era digital, a IA continuará a abrir novos caminhos para empreendedores em todo o mundo, trazendo consigo uma onda de transformações sem precedentes.

Desafios e oportunidades da IA no mercado brasileiro

A Inteligência Artificial (IA) é um campo fértil para a inovação e o crescimento econômico no Brasil. As possibilidades são amplas, mas não sem desafios significativos.

Um dos principais desafios para a adoção de IA no Brasil é a infraestrutura tecnológica. Muitas áreas ainda sofrem com a falta de acesso a conexões de internet rápidas e confiáveis, essenciais para alimentar soluções baseadas em IA.

Há também uma escassez global de talentos qualificados em IA, e o Brasil não é exceção. A formação em ciência de dados, aprendizado de máquina e outras disciplinas relacionadas à IA é crucial para construir uma força de trabalho competitiva.

Outro detalhe importante é que o financiamento para pesquisa e inovação em IA no Brasil é limitado em comparação a outras economias. É necessário aumentar o investimento para estimular o desenvolvimento de soluções locais de IA.

Não posso deixar de citar que a legislação brasileira ainda está se adaptando às novas tecnologias. As incertezas regulatórias podem inibir o crescimento da IA, especialmente em áreas sensíveis como a privacidade de dados e a ética em IA.

O Brasil é um país de contrastes sociais e econômicos acentuados, que também se refletem no acesso à tecnologia. Superar essa desigualdade é essencial para que os benefícios da IA sejam amplamente distribuídos.

Separei uma pesquisa na qual temos oportunidades da IA no Brasil.

- **Agricultura de Precisão:** o Brasil é uma potência agrícola e a IA tem a capacidade de revolucionar esse setor. Soluções de IA podem levar à otimização do uso de recursos, aumento da produtividade e sustentabilidade.
- **Saúde Pública:** a IA pode ser usada para melhorar a saúde pública, desde diagnósticos mais precisos até a gestão eficiente de recursos em hospitais. Isso é especialmente relevante em um país de dimensões continentais como o Brasil.

- **Fintechs:** o setor financeiro brasileiro é robusto e inovador, com muitas *fintechs* já utilizando IA para oferecer serviços personalizados e melhorar a segurança.
- **Cidades Inteligentes:** o conceito de cidades inteligentes, utilizando IA para gerenciar tudo, desde o tráfego até serviços públicos, tem grande potencial em áreas urbanas densamente povoadas do Brasil.
- **Educação Personalizada:** a IA pode transformar a educação, oferecendo aprendizado personalizado e adaptativo, que pode ser particularmente benéfico em um país com tantas disparidades educacionais.

A IA no Brasil é um campo de dupla face: repleto de desafios significativos, porém de oportunidades ilimitadas. Para superar os obstáculos, será necessária uma abordagem coordenada que envolva investimentos governamentais, parcerias público-privadas e ênfase na formação e retenção de talentos.

As oportunidades, por outro lado, oferecem um vislumbre de um futuro promissor, no qual a IA pode ser uma ferramenta poderosa para impulsionar o crescimento econômico e resolver problemas sociais complexos. A chave para o Brasil será aproveitar essas oportunidades, enquanto trabalha diligentemente para mitigar os desafios.

Ética e responsabilidade na utilização da IA no empreendedorismo

Quando trazemos a Inteligência Artificial (IA) para os negócios, precisamos analisar um conjunto de considerações éticas e responsabilidades que não podem ser ignoradas. À medida que as empresas integram a IA em suas operações, surge a necessidade de abordar as implicações morais e sociais dessa integração.

Um dos problemas mais discutidos relacionados à ética da IA é o viés algorítmico. Os algoritmos de IA são tão imparciais quanto os dados que recebem. Se os dados são tendenciosos, as máquinas podem perpetuar ou até mesmo exacerbar esses vieses. No empreendedorismo, isso pode resultar práticas de contratação injustas, crédito discriminatório e publicidade direcionada de forma inadequada. Combater o viés exige uma avaliação constante dos dados e dos algoritmos para garantir que todos os clientes e funcionários sejam tratados de forma justa.

A IA muitas vezes depende de grandes volumes de dados, e a gestão desses dados deve ser realizada com extrema cautela para proteger a privacidade dos indivíduos. As empresas devem ser transparentes sobre como os dados são coletados, usados e compartilhados, além de assegurar que medidas de segurança adequadas estão em vigor para prevenir violações de dados.

As decisões tomadas por sistemas de IA podem ser complexas e opacas, o que levanta questões sobre a transparência. As empresas têm a responsabilidade de garantir que os *stakeholders* compreendam como a IA está sendo usada e como as decisões são tomadas, especialmente quando essas decisões têm grandes implicações para os indivíduos.

Quando a IA erra, quem é responsável? Essa é uma questão-chave para o empreendedorismo no uso de IA. Estabelecer uma cadeia clara de responsabilidade para as decisões tomadas pela IA é importante. As empresas devem ter políticas claras e mecanismos de recursos para lidar com erros ou danos causados por sistemas de IA.

A IA oferece enormes oportunidades para o desenvolvimento sustentável, mas também corre o risco de aumentar a desigualdade e prejudicar o meio ambiente se não for utilizada de maneira responsável. Os empreendedores devem considerar o impacto ambiental e social de suas aplicações de IA e esforçar-se para criar soluções que beneficiem a sociedade como um todo.

A regulamentação em torno da IA está evoluindo, e as empresas devem estar atentas ao cumprimento das leis e regulamentos aplicáveis. No entanto, além da conformidade legal, é importante que as empresas adotem uma postura proativa na definição de padrões éticos para a utilização de IA, indo além do que é legalmente exigido para o que é moralmente correto.

A ética e a responsabilidade na utilização da IA no empreendedorismo não são apenas um complemento, são fundamentais para a sustentabilidade e a aceitação social das inovações tecnológicas. Enquanto os empreendedores buscam capitalizar nas capacidades da IA, devem também se esforçar para ser líderes éticos, garantindo que suas inovações tragam benefícios não só para a empresa, bem como para a sociedade em geral. À medida que a tecnologia avança, o diálogo contínuo sobre ética na IA é essencial para construir um futuro em que a tecnologia trabalhe a favor da humanidade, não contra ela.

Estratégias de implementação de IA para pequenas e médias empresas

A Inteligência Artificial (IA) já não é um recurso exclusivo de grandes corporações com orçamentos volumosos para pesquisa e desenvolvimento. Pequenas e médias empresas (PMEs) também podem tirar proveito dessa tecnologia inovadora. No entanto, a implementação da IA por PMEs requer uma abordagem estratégica que reconheça limitações de recursos e priorize iniciativas de alto impacto. Por isso, vamos explorar estratégias fundamentais para PMEs incorporarem IA nos seus negócios.

Antes de embarcar em qualquer iniciativa de IA, as PMEs devem identificar onde e como a IA pode agregar valor ao seu negócio. Isso pode ser feito por meio de uma análise de processos internos para identificar áreas em que a IA poderia melhorar a eficiência, ou avaliando oportunidades de mercado nas quais serviços ou produtos baseados em IA poderiam criar uma vantagem competitiva.

Uma das estratégias é buscar parcerias com universidades, *startups* de IA e incubadoras de tecnologia. Tais colaborações podem oferecer acesso a conhecimento especializado e ferramentas de IA sem a necessidade de investimentos iniciais significativos.

Existem muitos provedores de IA como serviço que oferecem soluções de IA prontas para uso, como processamento de linguagem natural ou análise preditiva, que podem ser integradas aos sistemas existentes sem a necessidade de uma equipe de especialistas em IA.

Dados de qualidade são o combustível para qualquer solução de IA. As PMEs devem investir em sistemas de coleta e gerenciamento de dados robustos e garantir que os dados estejam limpos, categorizados e prontos para uso.

Embora as parcerias sejam valiosas, desenvolver competências internas em IA é igualmente importante. Investir em treinamento e desenvolvimento de funcionários existentes ou contratar talentos com experiência em IA pode ser um diferencial competitivo a longo prazo.

A IA não precisa ser implementada em grande escala desde o início. Começar com projetos-piloto ou implementações em pequena escala pode ajudar a testar soluções, medir resultados e entender melhor o potencial da IA para o negócio antes de comprometer mais recursos.

Após a implementação de soluções de IA, é vital monitorar seu desempenho e impacto. PMEs devem estar prontas para ajustar suas estratégias com base nos resultados obtidos e nas lições aprendidas durante o processo.

Mesmo em pequena escala, é crucial que as PMEs se comprometam com a ética e a conformidade ao implementar IA. Isso significa estar ciente de questões como privacidade de dados e viés algorítmico, garantindo que as práticas de IA estejam em conformidade com as regulamentações vigentes.

Para as PMEs, a IA oferece uma gama de oportunidades para inovação e competitividade. No entanto, a chave para o sucesso com IA não reside apenas na tecnologia em si, mas na estratégia por trás de sua adoção e uso. Quando adotamos uma abordagem estratégica e consciente, as PMEs podem maximizar os benefícios da IA, garantindo um impacto positivo e sustentável para seus negócios.

Casos de sucesso: IA em empresas brasileiras

O Brasil, com seu mercado dinâmico e inovador, tem sido palco de casos de sucesso notável na entrada do uso da Inteligência Artificial (IA) em empresas de diversos setores.

Um dos setores que mais tem se beneficiado com a IA é o financeiro. *Fintechs* brasileiras, como a Nubank, têm usado algoritmos de IA para personalizar serviços, avaliar riscos de crédito e detectar fraudes. A capacidade de processar grandes volumes de transações e identificar padrões anômalos em tempo real tem sido um diferencial competitivo para essas empresas.

No agronegócio, que é um dos pilares da economia brasileira, a IA tem modernizado esse setor. Empresas como a Solinftec e a Strider (adquirida pela Syngenta) estão utilizando IA para analisar dados de máquinas agrícolas, prever condições climáticas, otimizar a aplicação de insumos e melhorar a gestão de colheitas.

Na área da saúde, *startups* estão utilizando IA para triagem virtual de pacientes e monitoramento remoto de condições crônicas. Essas plataformas permitem que hospitais e clínicas priorizem casos, otimizem o fluxo de pacientes e melhorem o acompanhamento de tratamentos.

No varejo, a IA tem transformado a experiência de compra. A Magazine Luiza, uma das maiores varejistas do país, utiliza IA para recomendar produtos, personalizar ofertas e otimizar a logística de entrega. Sua plataforma de *e-commerce* inteligente permite uma interação mais personalizada com os clientes, aumentando a satisfação e fidelização.

Empresas de tecnologia brasileiras, como a Totvs, estão incorporando IA em suas soluções de gestão empresarial, ajudando outras empresas a automatizarem processos e obterem *insights* de negócios. A IA aplicada a sistemas ERP (*Enterprise Resource Planning*) está permitindo uma gestão mais inteligente e proativa.

Na educação, plataformas como a Geekie utilizam IA para criar trajetórias de aprendizado personalizadas. Por meio de análise de desempenho e adaptação de conteúdo, a tecnologia oferece aos alunos um caminho educacional que respeita seu ritmo e estilo de aprendizagem.

Esses casos de sucesso compartilham características comuns: uma visão clara da aplicação de IA para resolver problemas específicos, uma estratégia de dados sólida e um compromisso com a inovação contínua. Também destacam a importância de superar desafios, como a necessidade de talentos qualificados em IA, questões de infraestrutura e barreiras regulatórias.

Os casos de sucesso no Brasil mostram que a IA não é um sonho distante, mas uma realidade tangível que está criando valor para empresas e clientes. As histórias dessas empresas são fontes de inspiração e provas de que, com a abordagem correta, a IA pode ser uma poderosa alavanca para o crescimento e a inovação em qualquer indústria. À medida que mais empresas brasileiras embarcam na jornada da IA, o país se posiciona como um participante ativo e inovador na economia global da Inteligência Artificial.

Ferramentas de IA acessíveis para empreendedores

Para empreendedores que buscam inovar e melhorar seus negócios, as ferramentas de Inteligência Artificial (IA) oferecem uma variedade de soluções acessíveis e poderosas. Essas ferramentas podem automatizar tarefas, fornecer *insights* valiosos e melhorar a interação com os clientes. Aqui estão algumas das principais ferramentas de IA disponíveis para empreendedores que desejam explorar o potencial dessa tecnologia.

Plataformas de Análise Preditiva

- **Google Analytics Predictive:** oferece análises preditivas para sites e *e-commerce*, ajudando a prever tendências e comportamentos de usuários.

- **Microsoft Azure Machine Learning:** uma plataforma de nuvem que permite construir, treinar e implantar modelos de aprendizado de máquina com uma interface simplificada.

Chatbots e Assistência Virtual

- **Dialogflow da Google:** permite criar interfaces de conversação para *websites*, aplicativos móveis, plataformas de mensagens populares e dispositivos IoT.
- **IBM Watson Assistant:** proporciona uma solução de assistente virtual que pode ser treinada para entender perguntas e responder de maneira coesa.

Processamento de Linguagem Natural (PLN)

- **MonkeyLearn:** facilita a classificação e extração de dados de textos usando PLN, útil para análise de sentimentos e suporte ao cliente.
- **NLTK (Natural Language Toolkit):** uma biblioteca *open-source* para Python, que fornece ferramentas para trabalhar com dados de linguagem humana.

Serviços de IA como Plataforma

- **Amazon Web Services (AWS):** oferece um vasto conjunto de ferramentas de IA e *machine learning* que podem ser utilizadas sem a necessidade de uma expertise profunda na área.

- **IBM Cloud:** fornece uma série de APIs de IA que podem ser integradas em aplicações existentes para agregar inteligência.

Ferramentas de visão computacional

- **Clarifai:** oferece reconhecimento de imagem e vídeo, permitindo que os usuários treinem os próprios modelos ou utilizem modelos pré-treinados.
- **OpenCV:** uma biblioteca de código aberto focada em visão computacional e aprendizado de máquina em imagens.

Automação de Marketing

- **HubSpot:** utiliza a IA para personalizar estratégias de *marketing* e melhorar a geração de *leads* e o ROI de campanhas de *marketing.*
- **Mailchimp:** seu sistema de IA ajuda a otimizar campanhas de e-mail *marketing* por meio de segmentação de público e testes A/B.

Ferramentas de desenvolvimento de IA

- **TensorFlow:** uma biblioteca de código aberto para aprendizado de máquina, desenvolvida pelo Google Brain Team, que facilita a construção de modelos de IA.
- **Keras:** uma API de alto nível para criar modelos de aprendizado de máquina, que funciona em cima do TensorFlow, Theano ou CNTK.

O uso de ferramentas de IA não precisa ser uma jornada solitária ou repleta de obstáculos técnicos. Com a disponibilidade de ferramentas acessíveis e a constante evolução da tecnologia, os empreendedores têm ao alcance soluções que podem ser facilmente integradas em seus negócios. As empresas podem não só otimizar suas operações e aumentar a eficiência, como também podem oferecer experiências melhoradas a seus clientes, mantendo-se competitivas no mercado moderno.

Como será a educação e preparação para um mundo com IA?

Essa é uma curiosidade um tanto interessante. A transição para um mundo cada vez mais impulsionado pela Inteligência Artificial (IA) requer uma abordagem reformulada da educação e preparação profissional. A necessidade de habilidades técnicas específicas está crescendo, assim como a demanda por competências que complementem a IA, como criatividade e inteligência emocional. Este capítulo discute como a educação pode evoluir para preparar indivíduos para um futuro em que a IA é uma constante.

Os sistemas de educação precisam incorporar conhecimento sobre IA e ciência de dados em seus currículos, desde os níveis mais básicos até o ensino superior. A compreensão dos princípios da IA, seu funcionamento e suas implicações éticas devem fazer parte da formação fundamental de todos os estudantes.

Para aqueles que desejam se especializar, o ensino técnico deve se concentrar em áreas como aprendizado de máquina, programação, robótica e análise de dados. Instituições de ensino técnico e universidades devem oferecer programas dedicados a essas áreas, com um forte componente prático.

A IA pode otimizar processos e analisar dados, mas o pensamento crítico e a criatividade são habilidades humanas que as máquinas ainda não conseguem replicar efetivamente. Educar para o pensamento crítico significa ensinar as pessoas a analisar criticamente as informações e a serem criativas na resolução de problemas complexos.

À medida que a IA evolui, o aprendizado não pode parar na formatura. Programas de educação contínua, *workshops* e cursos on-line podem ajudar profissionais a se manterem atualizados com as últimas tendências e desenvolvimentos em IA.

A IA está impactando todos os setores, portanto uma educação interdisciplinar que combine IA com outras áreas de estudo é essencial. Um profissional de saúde, por exemplo, pode se beneficiar enormemente do entendimento de como a IA pode ser aplicada na medicina.

As habilidades interpessoais, como comunicação, liderança e trabalho em equipe, são cada vez mais valorizadas em um ambiente de trabalho com IA. A inteligência emocional, em particular, é uma habilidade crítica, pois permite que os indivíduos naveguem efetivamente nas complexidades das interações humanas que as máquinas não podem substituir.

A colaboração entre instituições educacionais e empresas é fundamental para garantir que os programas de ensino estejam alinhados com as necessidades do mercado de trabalho. Estágios e programas de treinamento podem fornecer experiência prática e ajudar os estudantes a aplicar suas habilidades em situações do mundo real.

Para uma integração bem-sucedida da IA em nosso futuro, é necessária uma revolução educacional que prepare as pessoas não apenas para usar a tecnologia, mas para trabalhar ao lado dela, complementando-a com habilidades humanas únicas. Uma abordagem de educação que equilibre o desenvolvimento técnico com o fortalecimento de habilidades interpessoais e flexibilidade para aprendizado contínuo será importantíssimo para capacitar indivíduos para o sucesso em um mundo impulsionado pela IA.

Visão de futuro: para onde a IA nos levará?

A Inteligência Artificial (IA) está reconfigurando o panorama da vida e do trabalho como conhecemos. Ela promete ser a força motriz por trás de inovações futuras em praticamente todos os campos imagináveis. Este capítulo é uma reflexão sobre o potencial da IA e as direções que ela pode nos levar nas próximas décadas.

A IA está destinada a alterar profundamente os locais de trabalho. Com a automação de tarefas rotineiras, os trabalhadores terão mais tempo para se dedicar a tarefas que exigem pensamento crítico, criatividade e tomada de decisão. A IA também pode levar a uma reavaliação do significado do trabalho, permitindo que as pessoas busquem carreiras mais gratificantes e alinhadas às suas paixões e interesses.

No campo da saúde, a IA tem o potencial de transformar completamente o diagnóstico, o tratamento e a prevenção de doenças. A medicina personalizada, impulsionada pela IA, pode levar a tratamentos mais eficazes ajustados às características genéticas e ambientais de cada paciente. A medicina preditiva poderia possibilitar intervenções precoces antes mesmo que os sintomas das doenças se manifestem.

A IA poderia tornar a educação mais acessível e personalizada, adaptando-se ao ritmo e estilo de aprendizagem de cada aluno. Poderíamos ver um sistema educacional que utiliza a IA para identificar lacunas de conhecimento e fornecer recursos para preenchê-las, garantindo que cada aluno possa alcançar seu potencial máximo.

Com sua capacidade de analisar grandes conjuntos de dados e identificar padrões, a IA pode ser fundamental na luta contra as mudanças climáticas. Ela pode otimizar o uso de recursos, melhorar a eficiência energética e ajudar na gestão sustentável de ecossistemas.

O futuro da IA também traz desafios. Questões de privacidade, segurança e ética continuarão a ser pontos críticos à medida que a tecnologia avança. A governança da IA será crucial para garantir que seu desenvolvimento e implementação beneficiem a sociedade de maneira justa e equitativa.

Um dos maiores desafios será garantir que os benefícios da IA sejam distribuídos de forma equitativa. Há o risco de a IA exacerbar as desigualdades existentes se o acesso à tecnologia for limitado. A inclusão deve ser uma prioridade para evitar uma divisão digital mais ampla.

A longo prazo, a busca pela Inteligência Artificial Geral (AGI) — uma IA com a capacidade de entender, aprender e aplicar o conhecimento em uma gama diversificada de atividades, assim como os seres humanos — poderia revolucionar ainda mais a sociedade. A AGI poderia levar a avanços inimagináveis, porém levanta questões profundas sobre o papel dos humanos em um mundo no qual as máquinas podem igualar ou até superar nossas capacidades cognitivas.

O futuro com IA não é uma narrativa escrita. É um caminho que será moldado pelas escolhas e ações de hoje. Enquanto a tecnologia avança a um ritmo sem precedentes, é nossa responsabilidade coletiva garantir que a IA seja desenvolvida e orientada de maneira a maximizar seus benefícios, mitigar riscos e criar um futuro em que todos possam prosperar. A IA nos levará para onde escolhermos ir; a chave é escolher sabiamente.

SINTETIZANDO AS IDEIAS...

O artigo aborda a evolução da era digital e o impacto da Inteligência Artificial (IA) no empreendedorismo mundial e no mercado brasileiro, discutindo também ética, estratégias de implementação para PMEs e casos de sucesso no Brasil.

Evolução da era digital:

- A era digital, marcada por revoluções industriais, transformou a sociedade, começando com computadores como o ENIAC na década de 1940;
- A revolução digital se acelerou com o microprocessador na década de 1970, levando à criação de computadores pessoais e à internet, que democratizou o acesso à informação;
- *Smartphones* e outras inovações digitais remodelaram a economia e a sociedade, trazendo também desafios como privacidade de dados e segurança cibernética.

Impacto da IA no empreendedorismo mundial:

- A IA está redefinindo modelos de negócios e criando mercados;
- Personalização em escala, otimizando processos operacionais e melhorando a tomada de decisões com base em dados;

- A IA também está reformulando o mercado de trabalho, introduzindo complexidades éticas e regulatórias.

Desafios e oportunidades da IA no mercado brasileiro:

- O Brasil enfrenta desafios como infraestrutura tecnológica limitada, escassez de talentos em IA e legislação em adaptação;
- Oportunidades incluem agricultura de precisão, saúde pública, *fintechs*, cidades inteligentes e educação personalizada.

Ética e responsabilidade na utilização da IA no empreendedorismo:

- É essencial abordar questões éticas como viés algorítmico, privacidade de dados e transparência nas decisões de IA;
- Empresas devem estabelecer responsabilidades claras para decisões tomadas por IA e considerar impactos ambientais e sociais.

Estratégias de implementação de IA para PMEs:

- PMEs podem adotar IA por meio de análises de valor, parcerias, ferramentas prontas para uso, coleta de dados de qualidade e desenvolvimento interno de competências.

Casos de sucesso: IA em empresas brasileiras:

- Exemplos incluem Nubank, no setor financeiro; Solinftec e Strider, no agronegócio; Magazine Luiza, no varejo. Todos utilizando IA para melhorar serviços e eficiência.

Ferramentas de IA acessíveis para empreendedores:

- Existem várias ferramentas de IA, como Google Analytics Predictive, IBM Watson Assistant, Amazon Web Services e TensorFlow, que são acessíveis para otimizar negócios.

Educação e preparação para um mundo com IA:

- A educação deve evoluir para incluir conhecimentos em IA e ciência de dados, habilidades técnicas, pensamento crítico, criatividade e aprendizado contínuo.

Visão de futuro: para onde a IA nos levará?

- A IA promete transformar o trabalho, a saúde, a educação e o meio ambiente, contudo apresenta desafios como privacidade, segurança e ética. O futuro da IA depende das escolhas atuais para garantir benefícios equitativos.

O artigo enfatiza a importância da IA na transformação contínua da sociedade, economia e tecnologia, destacando a necessidade de uma abordagem ética e responsável na sua implementação e uso.

“Para uma integração bem-sucedida da IA em nosso futuro, é necessária uma revolução educacional que prepare as pessoas não apenas para usar a tecnologia, mas para trabalhar ao lado dela, complementando-a com habilidades humanas únicas.”

Sophia Martins

O empreendedorismo na visão de Val Paulino: inovar, liderar e transformar

No meu ponto de vista, o empreendedorismo é uma abordagem abrangente que vai muito além de simplesmente iniciar um negócio. É uma mentalidade, uma filosofia de vida que permeia todas as áreas da existência. Trata-se de estar constantemente atento às oportunidades ao nosso redor, ter a coragem de assumir riscos calculados e a criatividade para criar valor, não apenas para nós mesmos, como para os outros.

Em sua essência, empreender envolve identificar lacunas no mercado ou na sociedade e encontrar maneiras inovadoras de preenchê-las. Isso pode significar desenvolver novos produtos ou serviços, criar soluções para problemas existentes ou até mesmo reinventar modelos de negócios tradicionais. É a capacidade de enxergar além do óbvio, de pensar fora da caixa e de transformar desafios em oportunidades.

Empreender não se resume apenas a criar um empreendimento. Envolve também liderar equipes, inspirar mudanças e promover o crescimento, tanto pessoal quanto organizacional. Como empreendedora, reconheço a importância de cultivar uma cultura empresarial que valorize a criatividade, a resiliência e a colaboração. Isso significa criar um ambiente de trabalho em que todos se sintam incentivados a contribuir com ideias e soluções inovadoras, sendo o sucesso celebrado como uma conquista coletiva.

Além disso, o empreendedorismo requer uma mentalidade de aprendizado contínuo e adaptação às mudanças do mercado. É preciso estar sempre atualizado com as tendências e tecnologias emergentes, buscando constantemente maneiras de melhorar e inovar. Isso exige flexibilidade, determinação e uma disposição para enfrentar os desafios com resiliência e perseverança.

Na minha jornada como empreendedora, adoto uma abordagem participativa na gestão do meu negócio. Isso significa envolver minha equipe em todas as etapas do processo de tomada de decisão, dando-lhes voz e autonomia para contribuir com suas ideias e habilidades únicas. Acredito que uma equipe engajada e motivada é fundamental para o sucesso de qualquer empreendimento.

O empreendedorismo é muito mais do que apenas iniciar um negócio; É uma jornada de autodescoberta, crescimento pessoal e contribuição para um mundo melhor; É uma forma de expressão do nosso espírito criativo e visionário, uma maneira de deixar nossa marca no mundo e fazer a diferença na vida das pessoas ao nosso redor.

Para finalizar, quero agradecer a parceria com a Sophia Martins. Conheci Sophia em uma palestra sobre incorporação em Campinas. Desde o momento em que subiu ao palco, vi muito de mim nela: sua força e também sua doçura. Sophia transmite segurança e encanto, e sua palestra foi cativante. Conhecê-la foi uma descoberta deliciosa, pois a primeira impressão que tive se confirmou: Sophia é vibrante e responsável, cuidadosa com seus clientes e negócios. Ela tem o dom de conquistar as pessoas, uma habilidade natural. Estou encantada com sua forma de conduzir os negócios.

Val Paulino - Empresária na construção civil
Empreendedora há 16 anos no setor imobiliário, no Estado do Maranhão. Palestrante e colunista da Revista Cidade Jardim, apaixonada por moda, viagens e arte. Destaque da Forbes em 2021. Graduada em Ciências Contábeis, com pós-graduação em Gestão Empresarial pela FGV. Mãe de Lara e Davi e de 05 pets.

Conclusão

Sophia Martins

Após percorrer os caminhos do empreendedorismo, explorando cada parte deste livro, nos deparamos com a riqueza e a profundidade desse campo envolvente. Desde uma análise detalhada do empreendedorismo como um todo até a imersão em temas específicos, como construção de marca, autenticidade, mentalidade empreendedora e escolha de estratégias decisivas. Cada capítulo contribuiu para uma compreensão mais ampla e sólida do papel do empreendedor no cenário atual.

A partir da jornada iniciada no Capítulo 01, adentramos nas raízes do empreendedorismo, compreendendo nuances e desafios intrínsecos. Investigamos a dualidade entre ser empreendedor e ser empresário, refletindo sobre as diferentes responsabilidades de cada papel no contexto contemporâneo. Revelamos os segredos da construção de uma marca de sucesso, reconhecendo a importância de transmitir valores e estabelecer conexões emocionais com o público-alvo.

No Capítulo 04, mergulhamos no universo da criatividade, reconhecendo-a como um impulso vital para o empreendedorismo, capaz de estimular a inovação e diferenciar negócios no cenário competitivo. Exploramos a mentalidade empreendedora como um conjunto de crenças e atitudes que incentivam a busca incessante pelo sucesso.

Em seguida, no Capítulo 06, exploramos a complexa arte da seleção de estratégias decisivas, entendendo os elementos que influenciam esse processo crucial para o progresso e a sustentabilidade dos empreendimentos. Utilizando o Plano de Ação SMART como guia, aprendemos a estabelecer metas claras e alcançáveis, fundamentais para alcançar os objetivos empreendedores.

Nos Capítulos 08 e 09, nos aprofundamos na gestão do tempo e na habilidade de tomar decisões, reconhecendo a importância de habilidades como organização, priorização e resiliência para enfrentar os desafios do dia a dia empreendedor. Ao abordar a importância da comunicação e do planejamento financeiro nos Capítulos 10 e 11, respectivamente, compreendemos como esses elementos essenciais podem impulsionar o crescimento e a sustentabilidade dos empreendimentos.

Por fim, nos deparamos com o fascinante mundo da Inteligência Artificial no Capítulo 12, reconhecendo seu potencial transformador e sua crescente importância no cenário empresarial atual.

Ao concluir essa jornada de descobertas e aprendizados, é crucial enfatizar que o empreendedorismo é uma jornada de contínua evolução e adaptação. Os desafios são numerosos, assim como as oportunidades de crescimento e realização. Que as lições e *insights* compartilhados ao longo deste trabalho sirvam como inspiração e orientação para os empreendedores em sua incessante busca pelo sucesso. Que cada página lida seja uma semente plantada, pronta para florescer e tornar sonhos em realidade no vasto e estimulante mundo dos negócios.